45歳から始める
「10歳若見え」メイク

美容家　飯塚美香

ワニ・プラス

はじめに

私、このままでいいのかな。

そんなことをふっと感じること、ありませんか。

女性の1日は目まぐるしくすぎていきます。日常の煩雑さに時間ばかりがすぎていき、ある日、ショッピング中、窓に、鏡に、不意に映される自分の姿に、

「えっ、私ってこんなに老けていた？」

と、驚いてしまう。

「鏡の中の自分を見て、『まるで浦島太郎』と思っちゃった」

そんなことをいう友人が、私の周りにもいます。

時間に追われると、つい後回しにしてしまうのが、自分自身のこと。

それは、あまりにもったいないことだと思うのです。


私は、「キレイナビ」という美容情報サイトを運営しています。

現在の会員は約20万人。美容を中心にダイエット、健康、生き方などの情報を、美容家の方々、専属ライターさん、会員さんがそれぞれに発信し、女性みんなでキレイに健康にハッピーになりましょう！　というサイトです。

このサイト運営のほかに、美容商品の開発、イベント出演、メイクレッスン、ダイエットセミナーなども行っています。メイクで人を元気にする可能性をもっと追求したくて、メイクセラピーの資格も取りました。女性の方々の「好き」や「やりたい！」という思いを応援するため、Ｗｅｂライター養成講座なども開いています。

そうした活動の中で、いつも感じることがあります。女性は何歳になっても、

「今日からキレイになる！」

と、ご自身で決めた日から若返っていくことができる、ということです。

どうしてか、おわかりになりますか。私たちには、**「メイク」という心強い〝相棒〟**があるからです。メイクは、ただ顔に色をつけるだけの行為ではありません。**心を元気に、華やかに、輝かせるアクション**なのです。

少女のころは、何もしなくても美しかった肌も、45歳をすぎれば、いろいろな悩みが出てきます。私自身、40代以降は肌の悩みが増えました。ノーメイクで鏡を見る

と、気になることばかり。そのままでいたら気持ちまでズドーンと重くなります。

でも、メイクをすれば、とたんに心も体も軽やかに。外出し、人に会い、ショッピングをし、この幸せな気持ちを多くの人と共有したい！　とワクワクしてきます。

ところが、「メイクってコワい」とつくづく感じるのは、方法を間違えると、年齢以上の老け顔になってしまうこと。では、「老けメイク」の原因は、何でしょう。

「若いころのメイクを今も変わらずしていること！」

ズバリ、これが最大の問題点です。

私たちの心を軽やかに元気にしてくれるのは「若見えメイク」。年齢とともに、メイクもバージョンアップしていくことが若見えのコツ。といっても、難しいことはないのです。本書でお伝えするのは、わずか10分でフルメイクが完成する方法です。

「家族のため」「仕事のため」と毎日がんばっているあなたへ――。

メイクには、お顔を輝かせるとともに心を癒し、私たちに自信を与えてくれる底力があります。本書では、あなた本来のエネルギーを引き出すお手伝いをさせていただきます。メイクによってイキイキした毎日を実感していただければ、美容家としてこんなにうれしいことはありません。

「あなたのメイクの悩みを教えてください」

本書の制作にあたり、「あなたのメイクのお悩みは？」とキレイナビのメールマガジンで問いかけました。すると、40代から70代まで、2週間でなんと200通以上ものお返事をいただきました。

その200通を超えるメイクの悩みに、美容家として私が一言で答えるならば、

「45歳をすぎた大人の女性は、メイクで『かわいい』をめざそう」

ここにつきます。「もういい歳だから」と落ち着いた色を使い、エレガントなメイクをしている人が非常に多く見られます。エレガントなメイクは、よほど熟練の腕の持ち主でない限り、大人の女性を老け顔＆険しい顔にしてしまうのです。

45歳をすぎた女性はメイクで「かわいらしさ」をめざすことが、若見えのポイント。ここ、とっても大切ですから、覚えておいてくださいね。

コスメの色を選ぶときにも、「かわいいかどうか」を基準にして。これも、すてきで若々しくあるためのメイクの大切なコツです。

あなたのメイクのお悩みは？

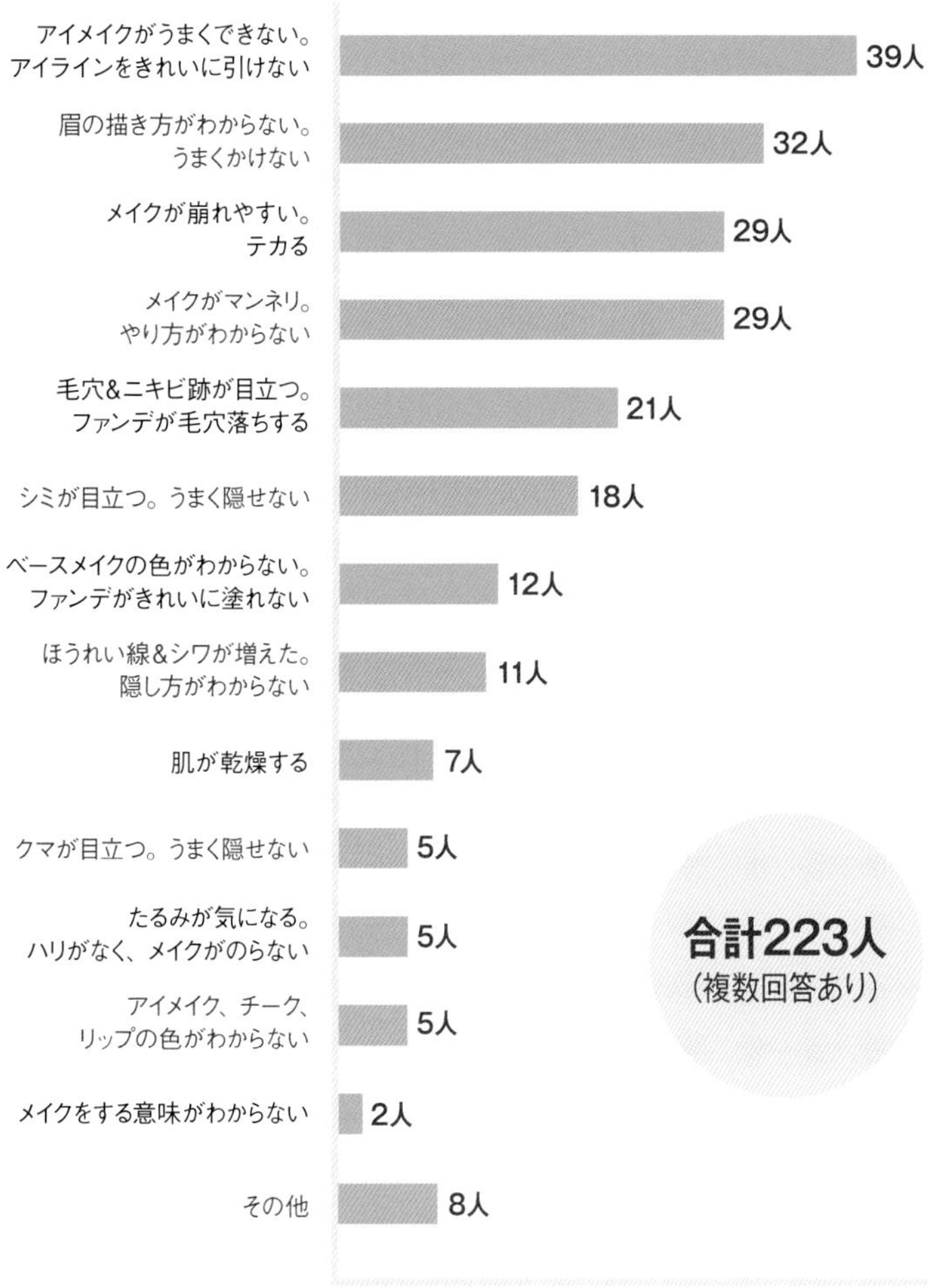
アイメイクがうまくできない。アイラインをきれいに引けない 39人
眉の描き方がわからない。うまくかけない 32人
メイクが崩れやすい。テカる 29人
メイクがマンネリ。やり方がわからない 29人
毛穴&ニキビ跡が目立つ。ファンデが毛穴落ちする 21人
シミが目立つ。うまく隠せない 18人
ベースメイクの色がわからない。ファンデがきれいに塗れない 12人
ほうれい線&シワが増えた。隠し方がわからない 11人
肌が乾燥する 7人
クマが目立つ。うまく隠せない 5人
たるみが気になる。ハリがなく、メイクがのらない 5人
アイメイク、チーク、リップの色がわからない 5人
メイクをする意味がわからない 2人
その他 8人
合計223人
（複数回答あり）

※キレイナビ調べ

ながら10分でフルメイク

「10歳若見え」メイクMETHOD

朝のしたくをしながら10分間でフルメイク！
大人の女性の「かわいい」はSTEP.01～12をマスターすれば
わずか10分でつくれるのです

「10歳若見え」メイクMETHODは第２章の92～115ページとリンクしています。

ここではメイクの方法を、第２章ではアイテムの上手な選び方と使い方を中心に紹介します

所要時間 1分

STEP.01 下地づくり&毛穴カバー

「ラベンダー色の下地」で くすみをとばそう

Point

「お肌きれいね」と〝ほめられる肌〟は、
ラベンダー色の下地でつくれます

「部分用下地」を毛穴の目立つ部分に塗っておくと、
ファンデーションの毛穴落ちを予防できます

Item アイテム

ラベンダー色の下地
部分用下地（毛穴用）

1

顔の中央から
外側に向かって
下地を塗り広げる

適量は
パール１個分

2

ハンドプレス

お肌に密着～♪

3

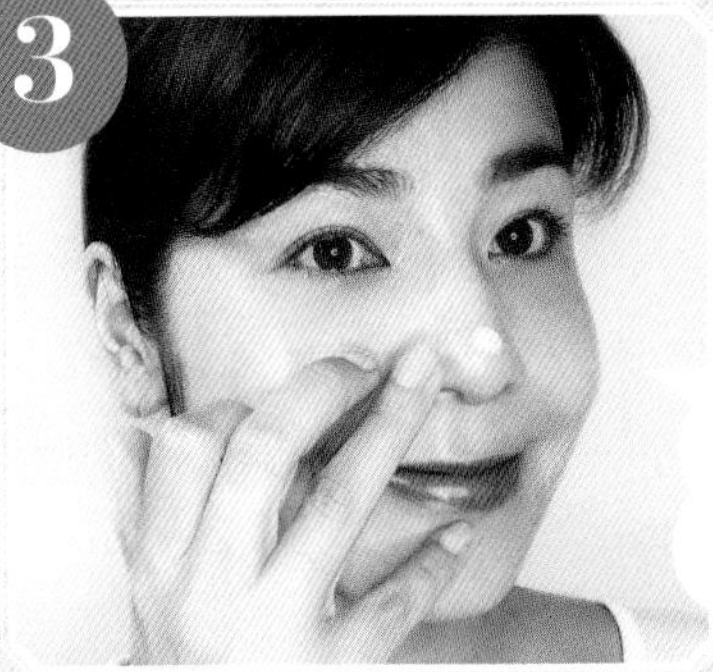

毛穴の目立つ部位にのみ
「部分用下地」を塗りこむ

ファンデの
毛穴落ちを予防！

所要時間
50秒
×シミの数

STEP.02
シミを隠す

コンシーラーを叩き込み、
シミをなかったことに

Point

シミを隠すには、地肌よりワントーン暗めのコンシーラーを使いましょう

ブラシでコンシーラーを肌になじませるのが、きれいに隠すコツです

Item
アイテム

コンシーラー（地肌よりワントーン暗い色）
コンシーラーブラシ（幅広のものが◎）

1

まずシミに
コンシーラーを

シミにコンシーラーをのせ
ブラシで軽く叩き込む

トントン♪

2

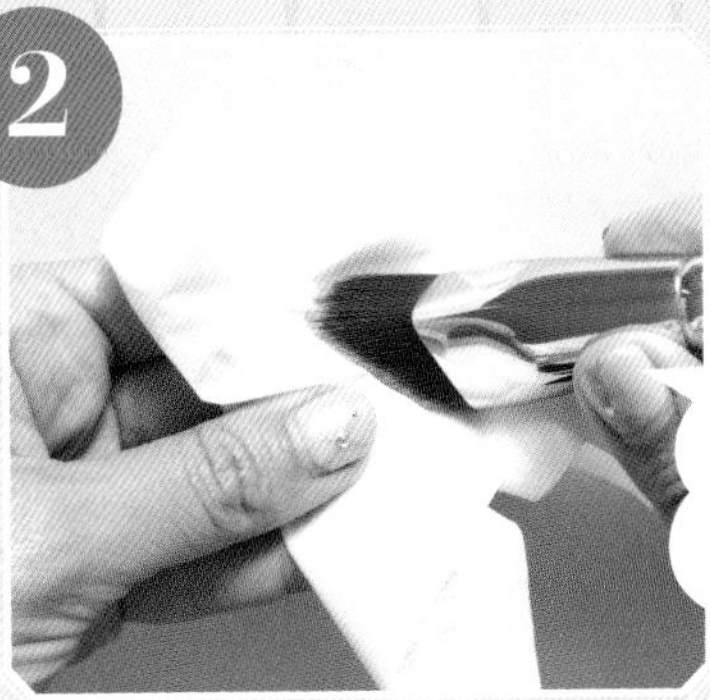

ブラシをティッシュオフ

コンシーラーを
軽く拭きとって

3

コンシーラーを
なじませる

肌とシミの境目を
なじませる

境目を
なくしてね

所要時間
1分

STEP.03
クッションファンデーション

大人の美肌は、
クッションファンデが
叶えてくれる

Point

美容成分入りのクッションファンデを使えば、
潤いが長持ちします

ファンデは「のばす」のではなく、
「ポンポン」と広げていくのが基本です

ほうれい線に塗るファンデはごく薄く！

Item
アイテム

クッションファンデーション

1

顔の中央から外側に
向かって塗っていく

「ポンポン」と
叩きながら塗ってね

2

パフを半分に折り、鼻のわき、
目元、目のきわをポンポン

ファンデを新たに
つけ足さない

3

口元も薄くポンポン

ほうれい線の
ファンデはごく薄く！

所要時間
1分

STEP.04
クマを隠す

しつこいクマはオレンジ色のコンシーラーで撃退

Point

クマは、ベージュ×オレンジのコンシーラーで
隠すことができます

血行不良からくる青グマには明るいベージュ、
たるみからくる黒グマには暗めのベージュのコンシーラーが◎

Item
アイテム

コンシーラー2色（ベージュ、オレンジ）
コンシーラーブラシ

1

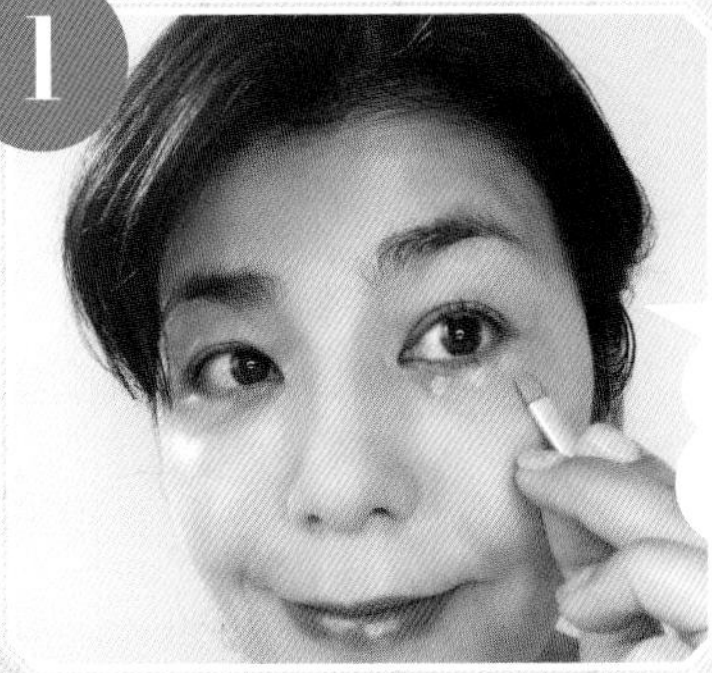

ベージュのコンシーラーを
目の下に3点置く

ベージュを
チョンチョンチョン♪

2

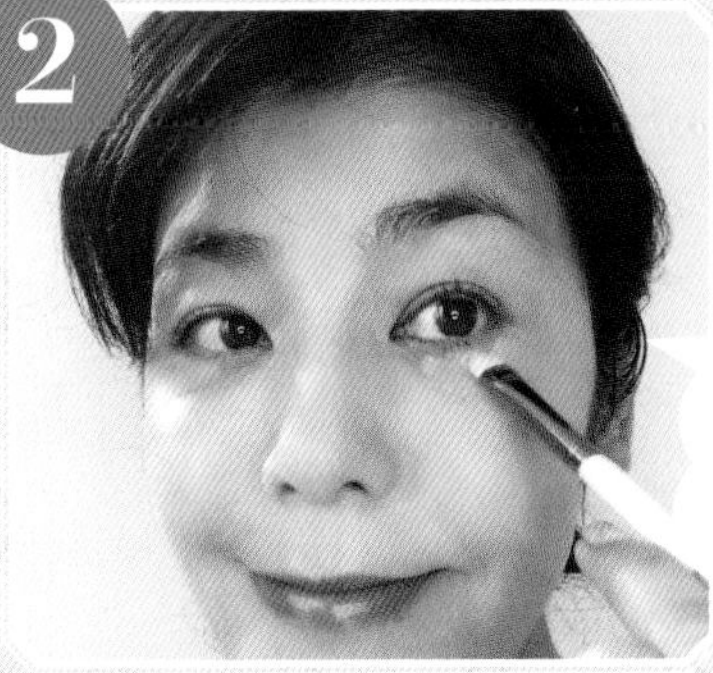

ブラシでなじませる

クマよ、消えて～

3

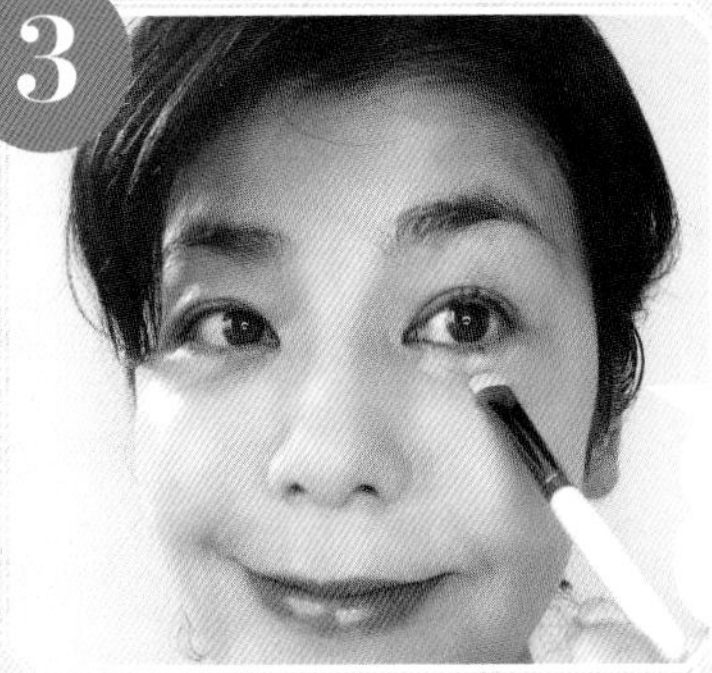

オレンジのコンシーラーを
目の下に3点置き
ブラシでなじませる

次はオレンジ♪

所要時間
40秒

STEP.05
フェイスパウダー

粒子が細かいパウダーで、
ナチュラルな肌に仕上げる

Point

粒子が細かくてパール感のあるパウダーを使うと、
ナチュラルで透明感のある肌に仕上がります

顔の上半分に重点的にパウダーをし、下半分と
フェイスラインはごく薄めにすると、小顔効果を得られます

Item
アイテム

皮脂吸着効果のあるパウダー
粒子の細かいフェイスパウダー
フェイスブラシ（大きくて粉含みのよいやわらかなもの）

1

「皮脂吸着効果のあるパウダー」を鼻にブラシでトントン

テカリやすい鼻にだけ
皮脂を抑えてくれる
パウダーを

2

粒子が細かいパウダーを顔全体（とくに上半分）にふんわりと

パール感のある
パウダーが
おすすめ♪

3

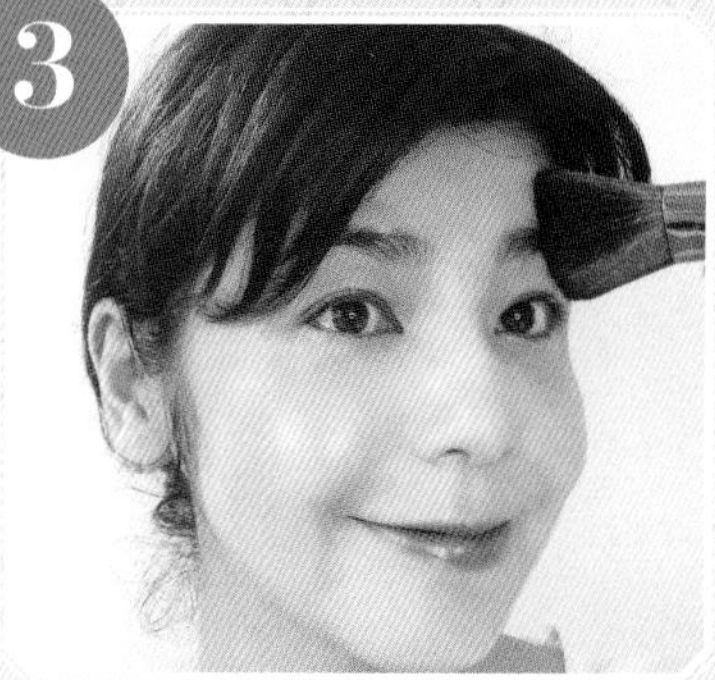

眉と目元にもしっかりと

カラーメイクの
のりがよくなるよ

所要時間
1分30秒

STEP.06
眉メイク

若見えのポイントは
「やや丸みのある平行眉」

Point

昔流行した「への字眉」「細眉」は老け顔の原因。
平行眉に変えるだけで、表情が穏やかで優しい雰囲気になります

「眉頭をぼかす」ことも若見えには大事。眉頭から鼻のわきを
指でスーッとぼかすと、ノーズシャドウにもなります

Item
アイテム

アイブロウパウダー／アイブロウペンシル
アイブロウブラシ（幅広のアイブロウ専用のブラシ）
スクリューブラシ／アイブロウマスカラ

スクリューブラシで
眉毛をとかす

眉毛の流れを
整えよう

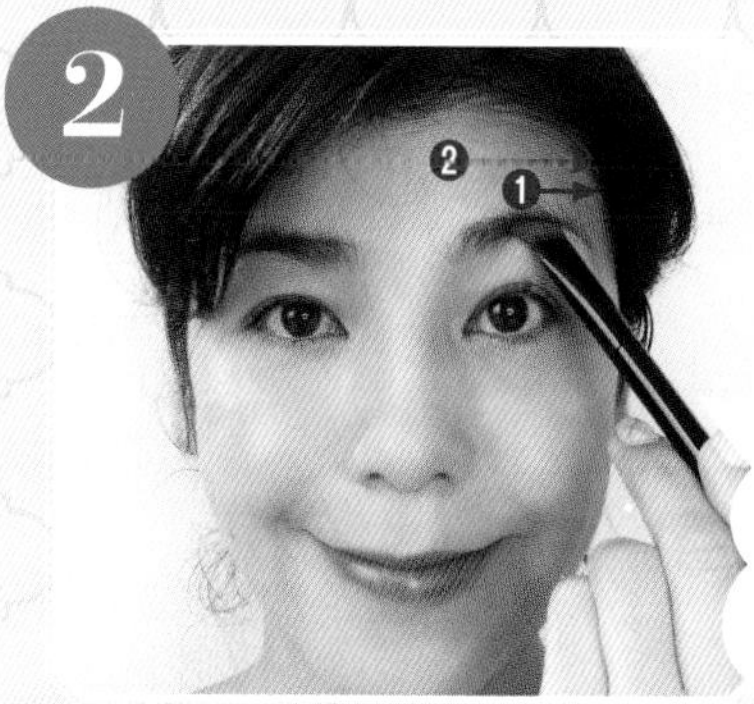

アイブロウパウダーをつけた
ブラシを平行に動かす。
毛のない部分はペンシルで足す

❶眉山から眉尻へ
（濃いめの茶色）

❷眉頭から眉尻へ
（薄い茶色）

眉頭を指でぼかす。
アイブロウマスカラを
毛の流れに沿って塗る

マスカラをすると
眉が長持ち！

所要時間

1分

STEP.07

アイシャドウ

明るい色を使って、
透明感のある目元に仕上げよう

Point

若見えする目元をつくるために、
明るい色のアイシャドウを使いましょう

パレットに付属のチップではなく、
アイシャドウブラシでふんわりと仕上げるのが若見えのコツ

仕上げに、上まぶた中央にラメをトントンと指で置くと、
透明感のある目元になります

Item
アイテム

アイシャドウベース／アイシャドウ
アイシャドウブラシ（毛がやわらかく、大きめのブラシ）
細いブラシ（リップブラシでも）

1

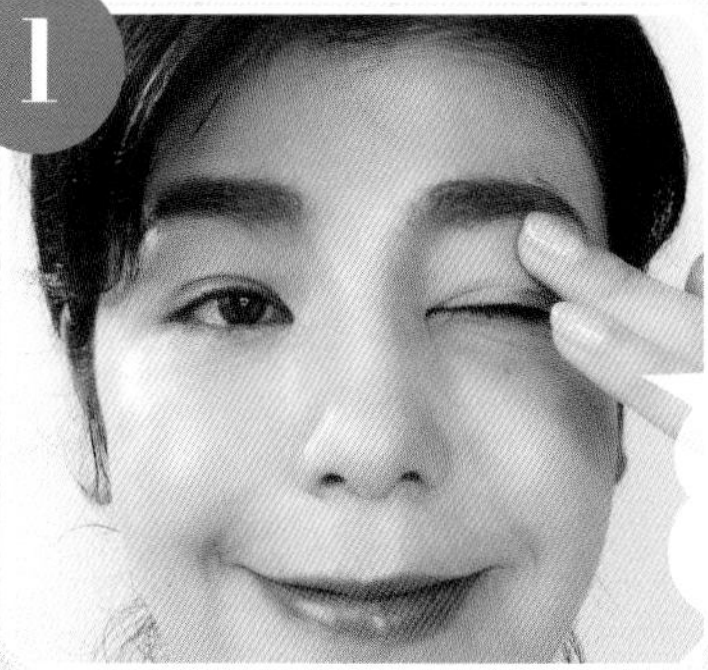

アイシャドウベースを
上まぶた全体に塗る

くすみ・シワ
対策になるよ

2

三角ゾーンはここ！

Ⓐ. 淡い色を上まぶた全体と
下まぶたの涙袋に塗る

Ⓑ. Ⓐよりやや濃いめの色を
アイホール全体(眼球の上部分)
と「三角ゾーン」に塗る

濃い締め色は
上まぶたに
入れないのが今流

3

アクセントカラーは
ここだけ！

目尻から黒目の端まで、
下まぶたのきわに
濃い締め色を
細いブラシで入れる。
仕上げに、上まぶたの真ん中に
ラメを指でポンポンと置こう

所要時間 50秒

STEP.08 アイライナー

「線を引く」のではなく、まつ毛の間を埋めていこう

Point

アイラインは、「引く」のではなく、「まつ毛の間を埋めていく」作業です

かわいらしい目元をつくるため、「ブラック」ではなく「ブラウン」を使いましょう

Item アイテム

ペンシルアイライナー（ブラウン）
リキッドアイライナー（ブラウン）

1

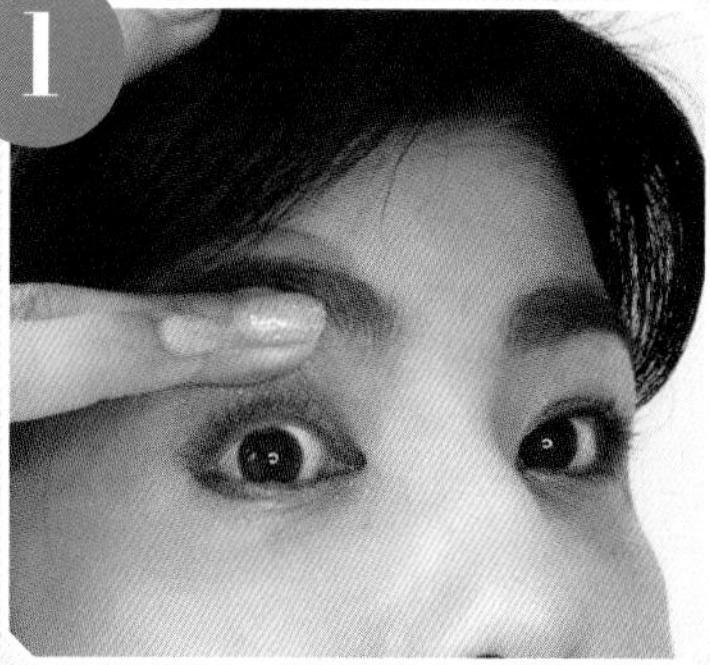

上まぶたを優しく
引き上げる

キケン！
粘膜には描かないで

2

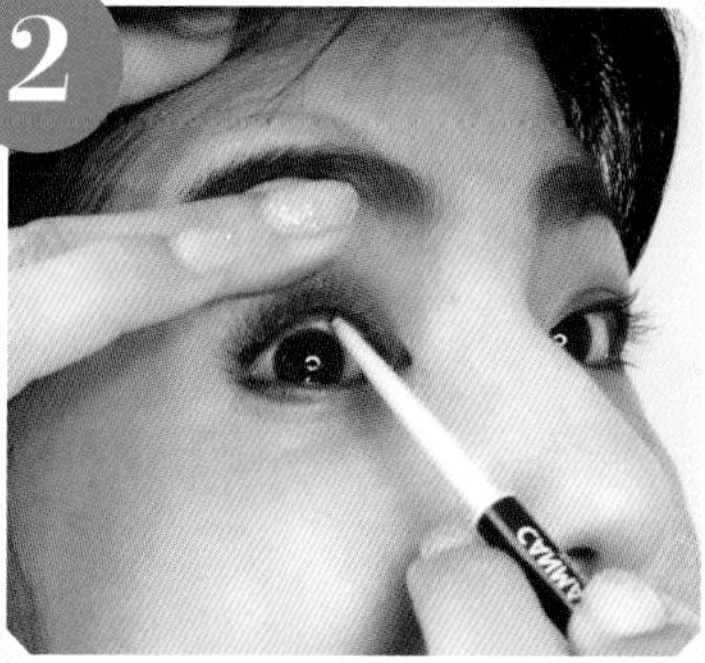

まつ毛の間を埋めるように
ペンシルアイライナーを
小刻みに動かす

大人の女性には
ブラウンがおすすめ

3

リキッドアイライナーで
目尻のラインを
少しだけ描き足す

ちょっぴり目尻を
のばすとキュート♥

所要時間

1分

STEP.09

まつ毛メイク

まつ毛をクルッと上向かせて、
明るく元気な印象に

Point

反対の手でまぶたを持ちあげると、ビューラーやマスカラを使いやすくなります

下まつ毛にもマスカラを軽くつけると、目が大きく、顔がキュッとしまって見えます

Item アイテム

ビューラー
マスカラ（ブラウン）

1

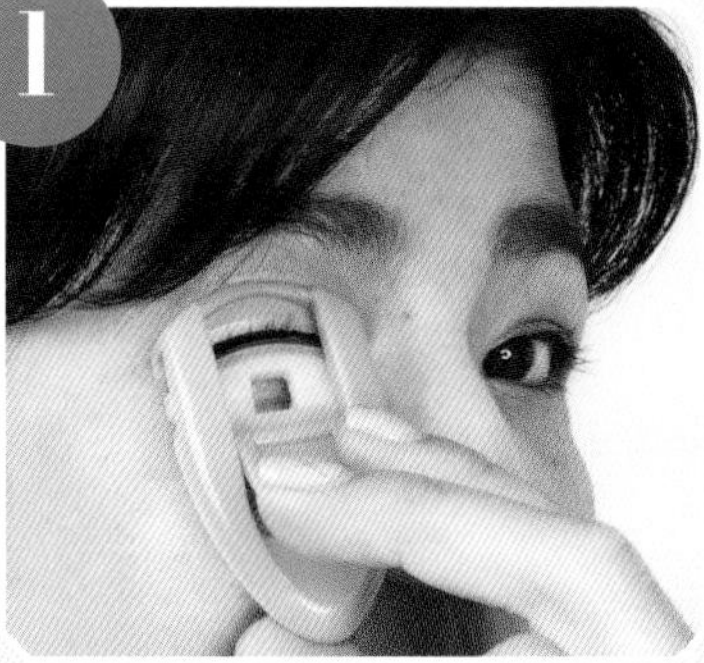

まつ毛の根元をビューラーで
挟んだら、毛先に向かって
「1、2、3」とはさみあげる

1、2、3！

2

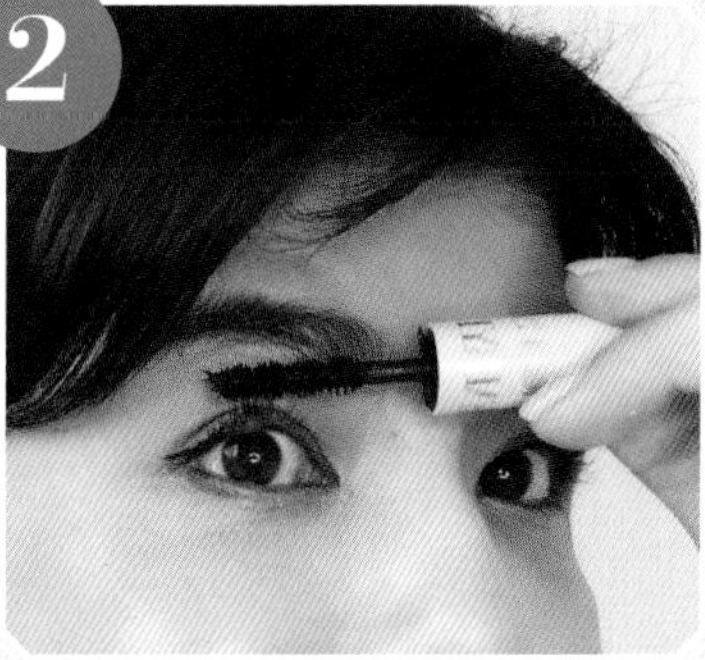

マスカラを根元にあて、
左右に軽く動かしながら
まつ毛をキャッチ。
毛先に向かって
スッと引き上げる

長さと
ボリュームを出そう

3

マスカラを縦に持ち
下まつ毛にも軽く塗ろう

ブラシの細い
マスカラを使うと
塗りやすいよ

所要時間

50秒

STEP.10

チーク&ハイライト

肌に血色と透明感を！
かわいい大人の女性をめざそう

Point

チークは鼻下のラインより上に入れましょう。鼻下にまで入れると、頬が垂れ下がり、顔が間のびして見えてしまいます

耳にもチークを入れると、
耳にほんのり色がついてセクシーな仕上がりに

ハイライトを入れることで、立体的で透明感のある顔になります

Item
アイテム

チーク／ハイライト
チークブラシ（大きめで毛がやわらかく、粉含みのよいもの）

1

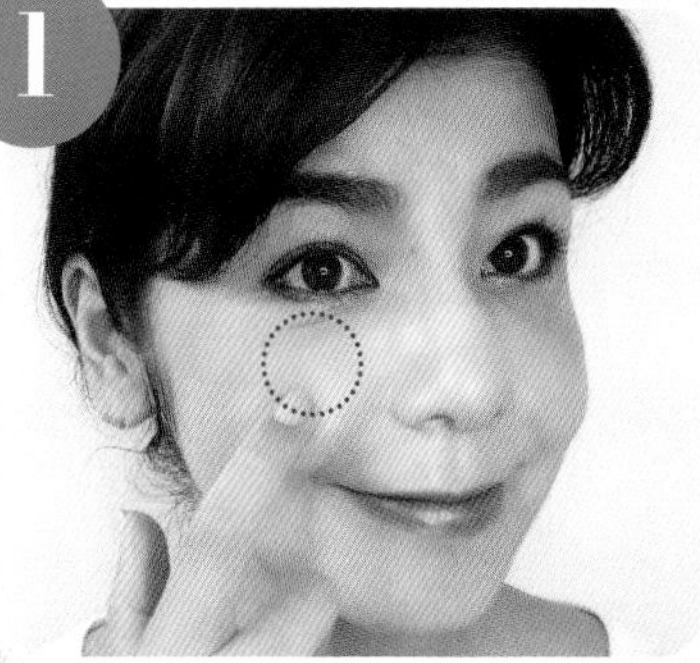

チークをつけたブラシを
黒目の下に置き
ポンポンと叩いてチークを塗る

丸の部分を
ポンポン

2

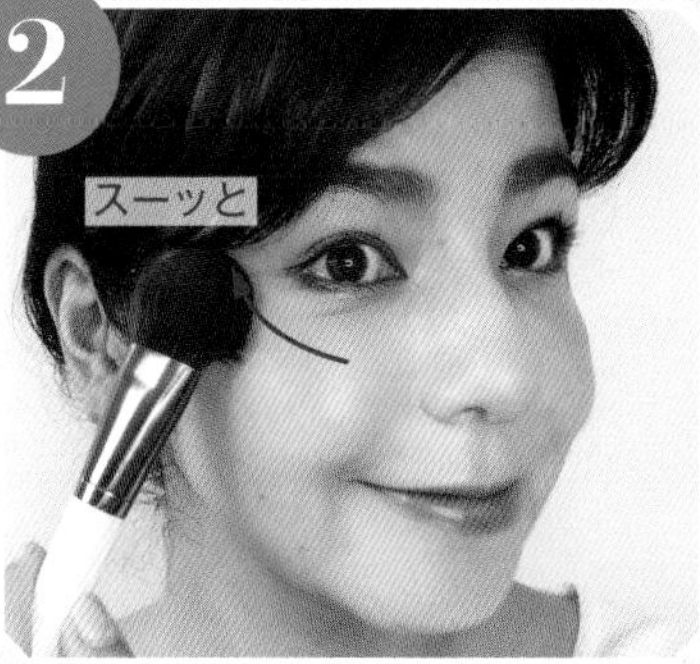

こめかみに向かって
ブラシをスーッと引き上げる

たるみを引き上げる
イメージで

3

ハイライトを目元と
鼻筋に入れる

ベージュ系が
おすすめ

所要時間
10秒

STEP.11
リップ

マット系は老け見えの原因に！
ツヤのあるリップを唇に

Point

マット系のリップは色が落ち着いていて、
一見使いやすく感じますが、唇の縦ジワを目立たせます

ツヤのあるリップは、唇の縦ジワを目立ちにくくし、
表情を輝かせます

リップブラシで輪郭をくっきり描く塗り方は、
老け見えします。直接リップを塗るのが今流です

Item アイテム

リップ

1

くちびるの輪郭を
リップで描いたら内側を塗る

上唇の山から
描こうね

リップの種類

リキッドルージュ

LB
ティントザブラッシュ
ジューシーテラコッタ
（税込1,100円）。

筆ペン型のリップ。ノックを押すと筆にルージュが浸透。唇の輪郭をはっきり描けてしあがりがキレイ。食事をしても落ちにくいティント処方

リップグロス

Visée（ヴィセ）
エッセンス リッププランパー
BE300 ベージュピンク
（税込1,430円）

スパイシープランプ成分配合で唇がふっくらボリュームアップ。ツヤと潤いが長時間続き、唇の縦ジワを隠してくれる。リップケアにも

リップスティック

ジルスチュアート
ルージュ　リップブロッサム
125 rose emperor
（税込3,080円）

リップの定番。ひと塗りでパッと華やかに色づき、保湿効果も抜群。125はラメ入りで艶やか。ロマンティックな容器はミラー付き

 ※価格は編集部調べ

所要時間
10秒

STEP.12
メイクフィックスミスト

メイクを肌に密着させ、
崩れを予防

Point

仕上げにひと拭きすると、ファンデが肌に密着して、
メイクの持ちがよくなります

保湿タイプのミスト化粧水で代用してもOKです

Item
アイテム
メイク
フィックスミスト

メイク完成！

10分間あればフルメイクで
10歳若見えできます

メイクの流れ

本書で紹介する「10歳若見え」メイクはフルメイクをしても約10分で完成。一方、休日バージョンならば約5分。お休みの日も軽くメイクをしてテンションを上げていきましょう！

フルメイク		休日メイク	
STEP.01	下地づくり＆毛穴カバー		
STEP.02	シミを隠す		
STEP.03	クッションファンデーション	STEP.03	クッションファンデには下地機能も入っています
STEP.04	クマを隠す		
STEP.05	フェイスパウダー	STEP.05	ナチュラルな肌づくりにパウダーは必須
STEP.06	眉メイク	STEP.06	休日はアイブロウパウダーだけでもOK
STEP.07	アイシャドウ	STEP.07	指塗りタイプのアイシャドウを使えば片目10秒で完成
STEP.08	アイライナー		
STEP.09	まつ毛メイク		
STEP.10	チーク＆ハイライト	STEP.10	チークは必ずしますが、ハイライトはしないことも
STEP.11	リップ	STEP.11	若見えにリップは大切なメイク
STEP.12	メイクフィックスミスト	STEP.12	メイク崩れ＆乾燥の予防のため、ミストを忘れずに
合計　約**10**分		合計　約**5**分	

第1章　Q＆A　大人の女性　リアルなメイクの悩み

Contents

第2章　METHOD　「10歳若見え」メイクの方法とアイテムの選び方

第3章 COSMETICS 大人の「かわいい」を叶えてくれるコスメたち

第4章　FOOD&MEAL　「10歳若見え」肌を育む食べもの・食べ方

※本書で紹介されているコスメの価格は編集部調べです（2023年11月現在）。
価格の変動、販売中止の可能性があることをご了承ください。
※本書は多くの方にあてはまる内容で情報提供をしています。肌や心身の健康にトラブルをお持ちの方は医師に相談のもと、ご自身の判断で行ってください。

第1章

Q&A
大人の女性
リアルなメイクの悩み

メイクのこんなことに悩んでいます

大人の女性たちのリアルな悩み。そのほんの一部を紹介します

ずーっと悩みなのが眉毛。
このまま一生
うまく描けないのかと
思ってしまう（57歳）

どのアイブロウを使っても、
すぐに取れてしまう（65歳）

深くなったほうれい線に
ファンデが入りこむのを
なんとかしたい！（53歳）

夏は汗流れしちゃうので、
自宅からメイクができない（55歳）

崩れやすいのが悩み。
保湿タイプの下地はドロドロ、
崩れ防止タイプは時間がたつと
小ジワに入りこんで汚い（57歳）

夕方になると
メイクが崩れて、
くすんでしまう
（56歳）

シワにファンデが落ちこんだり、
テカリが出たりしたとき、
どうすれば手直しできる？（51歳）

眉の流行がどんどん変わるのでついていけず、
自己流で描いています（53歳）

年齢のせいか、夕方の
老いた感じがひどいです（46歳）

クマをめだたなく、目元を明るく見せる
方法を教えていただきたい（47歳）

毛穴が開き、
ファンデがうまくのらず、
困っています（46歳）

ぼんやりした目元を
キリッとさせる
方法を教えてほしい（41歳）

シミを厚塗りで隠しているけれども、
増えすぎて隠し切れない。
レーザーで治療すべき？（48歳）

目の下のたるみを
めだたなくしたい（50歳）

コンシーラーを使うと、
その部分に違和感が出る（50歳）

加齢でまぶたがたるみ、
アイラインが引きにくい（66歳）

ファンデをつけることで、毛穴や小ジワが
よけいにめだってしまう（64歳）

若いころからメイクに興味がなく、
年を取ってあらが目立ってきたが
どう対処してよいかわからない（50歳）

アイラインを引くと
必ずパンダになる。
脂肪が多いからかな（58歳）

唇が厚いので
グロスや口紅を塗ると
強調されてしまう（42歳）

シミやソバカスを
うまく
カバーできない（40歳）

チークの上手な入れ方を知りたい。
面長を少しでも小顔に見せたい（49歳）

マスカラがにじむ。
アイメイクが落ちる（47歳）

眼鏡着用時でも
目元の印象が明るくなる
メイクはありますか？（56歳）

ずっと同じメイク。しかも自己流なので、
自分のよさを引き出す方法がわかっていない（41歳）

ベースメイクが厚塗りになりやすい（47歳）

ステイホーム以降、
メイクへの関心がなくなった。
モチベーションがないことが悩み（57歳）

一重が気になる（49歳）

雑誌やネットを参考にしようにも、
若い人向けばかりで、自分の世代が
参考にできるものがほとんどない
（52歳）

マスク生活が長かったので、
メイクする習慣がなくなり、
マスクが手放せなくなった
（49歳）

いつもマンネリ……（49歳）

夢がかなったり、長寿を支えたりできるメイクを教えてほしい（44歳）

何色があうのか
わからない（50歳）

テカるが、乾燥もする（45歳）

流行のメイクをやってみたいけれど、
なかなかチャレンジできません（40歳）

どんな下地やファンデが
自分の肌色にあっているのか
わからない（51歳）

Q メイクを始めてから ずーっと眉の形に満足できずにいます

A 流行遅れの眉毛は老け顔の原因に。丸みのある平行眉をつくりましょう

メイクの悩みで多かったのが、眉の形と描き方です。

眉の形には流行があり、「ついていけない」と感じる人も少なくないようです。

私が若いころは、アムラー全盛期。細くてくっきりした眉を保つために、よぶんな毛を抜いたり、そったりしていました。

その後、エレガントなへの字眉、やや細めで角度のある上昇眉、韓流ブームにのって平行眉、濃い直線眉などが支持されてきました。

では、あなたの今の眉は、どのような形をしていますか?

若いころに習得した眉メイクを今も続けていませんか?

眉は、顔の印象を大きく変えるパーツです。それだけに、**流行遅れの眉は、大人の女性の表情を老けて見せてしまう**のです。

今の流行は、やや丸みのある平行眉。この眉は、大人の女性の表情を優しく、おだやかに見せてくれます。

一方、細眉やへの字眉はエレガントで、表情をキリッと見せます。そのキリッとした雰囲気は、45歳以上の大人の女性の表情を険しく見せてしまうのです。

つまり、細眉やへの字眉は、怒っていないのに「怒ってる？」「疲れている？」と周りに感じさせる眉。これに対して、**やや丸みのある平行眉は黙っていても「優しそう」「かわいらしい」と感じさせる眉**なのです。

「平行眉を描きたくても、若いころに下の部分を抜きすぎて、毛が生えてこない」というお悩みも多く見られます。大丈夫です。毛が生えない箇所は、ペンシルを使って描き足せばよいだけ。ただし、眉全体をペンシルで描いてしまうと形がカクッとしたり、濃くなりすぎたり、自然な仕上がりになりません。

若見えする眉を描くポイントは、アイブロウパウダーとペンシルの2つを使うこと。まず、眉の形がストレートになるよう、アイブロウパウダーで色をのせます。そのうえで、平行眉にするために、毛が足りていない部分だけ、ペンシルで埋めていきます。こうすると、ナチュラルな平行眉を簡単につくれるのです（18～19ページ）。

Q 眉を上手に描くコツを教えてください

A ナチュラルな平行眉を簡単に描ける「魔法のブラシ」があります

眉を描くうえで、もっとも大切なのは、ブラシです。

アイブロウパウダーには、たいていの場合、小さなブラシが付属しています。その小さなブラシで眉を描いていませんか？

小さなブラシで眉をナチュラルに仕上げるのは、至難の業。手に持つ部分も、刷毛の部分も小さいために、濃くついたり、ムラになったりしやすいのです。

そのうえ、描いている部分が手で隠れて鏡に映りにくいので、左右がアンバランスになりやすい。**「上手に描けない」という悩みは、ほとんどの場合、アイブロウブラシをかえるだけで解決します。**

では、どんなブラシを使うと眉を上手に描けるでしょうか。選ぶポイントは「**ブラシの幅が広くてササッと描きやすく、毛がややわらかくて粉含みがよいこと**」。

このすべての条件を満たすブラシがあります。私が愛用しているのは、ケイトのアイブロウブラシ。「3秒ブラシ」とも呼ばれるこのブラシは、その名の通り、わずか数秒で簡単にナチュラルな平行眉がきれいに描け、まるで魔法のよう。ブラシを眉に置いたら、平行にブラシを動かせばよいだけ。この簡単さ、使うたびに感動します。

もう1つ、ナチュラルな眉を描くために大切なのがスクリューブラシ。眉を描く前には、スクリューブラシで毛の流れを整えて。アイブロウパウダーやペンシルで眉を描くときにも、スクリューブラシで粉を押しこむようになじませます。このひと手間が眉をきれいに仕上げるには必要。スクリューブラシは、ご自身が使いやすいものを選びましょう。プチプラでも、よいブラシはたくさんあります。

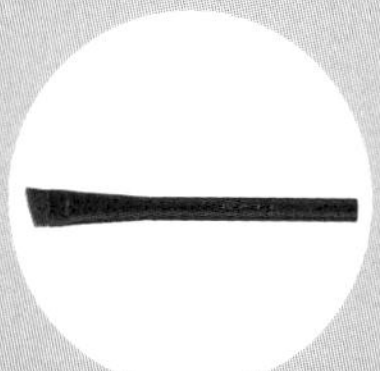

アイブロウブラシ

ケイト　アイブロウブラシ（税込1,540円・編集部調べ）。My Kao Mall・マツモトキヨシ・ココカラファイン専用商品。「3秒ブラシ」とも。やわらかく幅広のブラシで、眉を簡単にきれいにかける

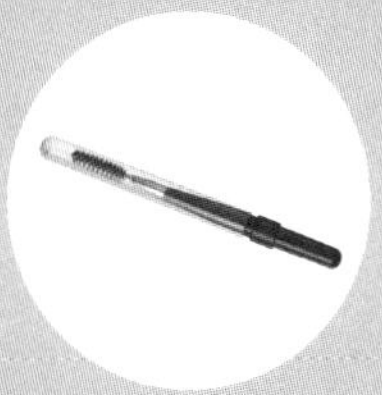

スクリューブラシ

貝印　cosmeup スクリューブラシ（税込605円）。眉毛をとかしながら描くことで、ナチュラルに仕上がる

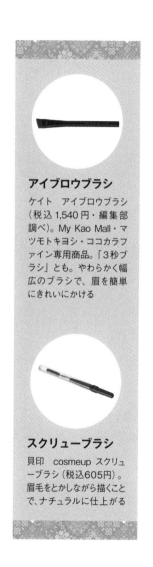

Q いちばんの悩みは、眉がうまく描けないこと

A 自前の眉山を起点に、ブラシを平行に動かすだけでよいのです

さまざまにある眉の形の中で、丸みのある平行眉はもっとも描きやすい眉です。

アイブロウパウダーの2色パレットを使った例で説明します。

まず、スクリューブラシで眉の流れを整えたら、パレットの濃い色を含ませた**ブラシを自前の眉山に置き、眉尻に向かって平行に動かします。**眉尻はのばしすぎず、短めにすると、かわいらしさを出せます。目尻より少し長いくらいでOK。

反対に、長く描くとエレガントさが出ます。エレガントなメイクは、よほど熟練の腕の持ち主でない限り、大人の女性を老け顔にしてしまうもの。45歳をすぎた女性は「かわいらしさ」をメイクでめざすことが、若見えのポイントだと、前にお伝えしました。

次に、薄い色で眉頭から全体をなじませます。これで、平行眉の土台が完成。

ポイントは、「ブラシを平行に動かすこと」。これだけです。簡単でしょう♪

なお、眉頭は薬指で必ずぼかしてくださいね。

くっきりした眉頭は老け見えの原因に。眉頭から鼻すじにスーッと指をすべらせれば、ノーズシャドウにもなって一石二鳥です。

さらに、眉の下など平行眉に不足している部分は、ペンシルで描き足し、スクリューブラシで色を押しこむような感じでぼかします。皮膚のたるみを指で引っ張りながら描くと、ペンシルを動かしやすくなります。

仕上げに、明るいブラウンのアイブロウマスカラを使い、毛並みにそってとかせば完成！　毎日練習することで、だんだんと上手になっていくことでしょう。

ちなみに、眉の形を整えるために毛をそるとき、「平行眉だから」といって、**自前の眉山を削りすぎない**でくださいね。人と話したりするとき、眉ってけっこう動くのです。自前の眉山を削ってしまうと、眉の動きと眉の形があわず、違和感が表れます。

まとめましょう。平行眉の描き方は、自前の眉山を起点に「まず眉尻へ」「次に眉頭から全体」という手順でブラシを平行に動かす。こうすれば、「やや丸みのある平行眉」が自然とできあがります。

Q どうしたらメイク崩れを防げますか？

A スキンケアのあと、約10分間、「空き時間」をつくりましょう

「メイクが崩れやすい」というのも、大人の女性に多い悩みです。

なぜ、メイクは崩れるのでしょう。大人の女性のメイク崩れの原因は2つ。皮脂と乾燥です。つまり、メイク崩れを防ぐには、皮脂と乾燥という両極端の問題を同時に解決していく必要がある、ということです。

それには、朝のスキンケアが重要。メイクは油分があると崩れやすくなるため、「朝は保湿をしない」という人もいますが、これはNG。保湿をしないと、時間とともに肌の乾燥が進んで小ジワが目立ち、メイクがよけいに崩れていきます。

大切なのは、保湿のしかたです。保湿剤には、乳液とクリームがあります。

まず、乳液は顔全体に塗りましょう。このとき、肌に乳液を押しこむように手のひらでゆっくりハンドプレス。液を浸透させられますし、よぶんな油分を落とせます。

一方のクリームは、顔全体に塗ると、油分が多すぎてメイク崩れの原因にも。朝は、シワや乾燥が気になる部分にのみ塗るのがベストな選択です。

さらに、収れん化粧水を使うのもおすすめ。毛穴を引きしめて皮脂の分泌を予防してくれます。使用法は商品によって異なりますが、洗顔後に適量をコットンにしみこませ、皮脂が気になる部分にふき取るようになじませるのが一般的です。

このひと手間を惜しまないことで、メイク崩れをグッと抑えられるのです。

そして、もっとも大切なポイントが、次。**スキンケアをしてからベースメイクに入るまで、約10分程度、時間を空けましょう。**こうすることで、よぶんな油分をさらに飛ばすことができます。私はこの10分のスキマ時間に、朝のこまごました用事をすませていきます。もちろん、「10分も待てない！」という慌ただしい朝もあるでしょう。そんなときには、ティッシュオフだけは必ずしてください。

その後、日焼け止めを塗って、ベースメイクに入っていきます。ここでも大切なのが、ハンドプレス。化粧下地を顔全体に塗ったら、ハンドプレスを再度行います。**下地をきちんと肌に密着させることで、ファンデーションが肌にフィット**して、メイク崩れをさらに防げるようになるのです。

Q 「汗をかいても崩れにくいファンデーション」が知りたいです

A クッションファンデとパウダーの両方を使いましょう

「汗でメイクが崩れてしまう」という悩みも、多くの女性が持っています。ただ、汗をかけばメイクは崩れるもの。「汗をかいても崩れないファンデ」は残念ながら、今のところ存在しません。

といっても、このお悩み、よくわかります。私も一緒です。「夏は汗流れするので、自宅からメイクができない。早めに自宅を出て、パウダールームでメイクをしています」という悩みを伝えてくれた方もいました。

では、どうするとよいでしょうか。汗によるメイク崩れを防ぐには、「顔から汗が出ること」を防げばよいのです。それには、首を冷やすこと。

私は、夏にメイクをするとき、**大きめのハンカチで保冷剤をクルクルとくるんで首の後ろに当て、スカーフ風に巻きます。**その状態でメイクをし、自転車で駅まで走って電車に乗ります。最近流行のアイスリングも使ってみましたが、スイーツを買ったときについてくる保冷剤のほうがよく効くように感じました。

暖房の効いた冬も、汗とは無縁でいられないもの。しかも、女性は50歳前後、更年期によって顔に汗をかきやすくなる時期があります。汗でメイクがしにくい、というときには、首の後ろに保冷剤を当ててみてください。

なお、汗によるメイク崩れは、クッションファンデとパウダーの両方を使うことでやわらげることができます。メイクは、**厚塗りになるほど崩れやすくなる**もの。その点、クッションファンデはのびがよく、薄塗りでも肌をきれいに見せてくれます。美容液や保湿成分を含むものも多く、みずみずしい美肌づくりにも最適です。

ただし、油分があるので、そのままでは肌がテカってしまう、という問題も。そこで、パウダーをつけて、サラサラとしたナチュラルな肌に仕上げましょう。

このパウダーに、**皮脂予防効果のあるコスメを選んで**ください。パウダーがよぶんな皮脂を吸着し、メイクの持ちをよくしてくれます。でも、このパウダーを皮脂の分泌が少ない目元、口元にも使ってしまうと、乾燥が進み、シワが目立つ原因にも。皮脂対策用のパウダーは、皮脂分泌が多い部分に限定して使うことをおすすめします。

Q 毛穴落ちを防ぐメイク法を教えてください

A 毛穴が目立つ部分に「部分用化粧下地」を塗りましょう

今は、コスメがとても充実しているだけでなく、プチプラ（「小さい価格」のこと）でも機能的なコスメが非常に多くなっています。たいていのメイクの悩みは、コスメを上手に取り入れていくことで、解決していけます。

大人の女性を悩ませる**「毛穴落ち」にも対処できるコスメ**があります。

毛穴落ちとはご存じのとおり、ファンデーションが毛穴につまること。毛穴が強調されて、よけいに目立ってしまう状態です。ときどき、ファンデーションを厚く塗って「毛穴を隠そう」とする人がいます。これは逆効果。いったんは隠せても、時間が経つとファンデーションが皮脂と混ざり、さらに目立つ状態になってしまいます。

毛穴落ちを防ぐうえで大切なのは、ベースメイクです。

活用したいのは、「部分用化粧下地」。「毛穴用化粧下地」「毛穴カバー化粧下地」なども呼ばれます。この化粧下地を、**鼻の頭や小鼻、頬など、毛穴やニキビあとなど、肌のデコボコがとくに気になる部分に塗りこみます。**すると、毛穴が埋まって、さわると肌がツルッとします。その上からファンデーションやパウダーを使うと、毛穴落ちを防げるのです。

私も部分用化粧下地が手放せません。これを忘れると、

「あ、毛穴が！　やばい、今日は毛穴カバーをしてこなかった！」

と慌ててしまうほど。ただし、この下地には皮脂の分泌を抑える作用があります。広範囲に使うと乾燥ジワが目立つ原因にも。「部分用」と名前がついているくらいです。毛穴がとくに気になる部分にのみ使うのが若見えメイクのポイントです。

部分用化粧下地

クレ・ド・ポー ボーテ　ヴォワールマティフィアンリサン（税込7,150円）。軽い塗り心地で毛穴や肌の凹凸を均一に整えてくれる毛穴用化粧下地

部分用化粧下地

キャンメイク　ポアレスエアリーベース01（税込770円）。スフレ状のフワッと軽いつけ心地で、気になる毛穴やテカリをカバー

Q シミやクマが濃すぎて、厚塗りになってしまいます

A 厚塗りは老け顔の元凶。ベースメイクにこそお金をかけましょう

年齢を重ねると、シミやシワ、くすみなど多くの悩みが出てきます。これらを隠すためには、カバー力の高さが求められます。カバー力に欠けるベースメイクを使っていると、悩みを隠すため、どうしてもファンデーションを厚く塗りたくなります。

しかし、**大人の女性がやってはいけないのが厚塗り**。ファンデーションをたくさんつければ、そのぶんメイクが崩れやすく、さらなる悩みを生み出しやすいのです。

だからこそ、重要になるのがベースメイクのカバー力です。とくに化粧下地、コンシーラー、クッションファンデ、パウダーには、こだわっていきましょう。私も、10歳若見えをめざし、ベースメイクには1点1点よいものを探しています。

たとえば、大人の女性に最適なパウダーは、粒子の細かいタイプ。プチプラのパウダーは粒子が大きいものが多く、白浮きしがち。厚塗り感が出やすいのです。一方、

粒子の細かいパウダーは値段も上がりますが、素肌感を引き出してくれます。

粒子が細かいかどうかは、手の甲に試し塗りするとわかります。肌にスーッとなじみ、くすみを飛ばし、透明感を出してくれる。ここがポイントです。

とくにパール感があって、粒子も細かいパウダーは、肌をとてもきれいに見せてくれます。肌の悩みを光の効果で目立たなくしてくれるのです。だからこそ、大人の女性が**1つは持っておきたいのが「粒子が細かくてパール感のあるパウダー」**です。

ベースメイクはよいものを持っておくと、毎日のメイクがぜんぜん楽になります。お財布を開くときに「ちょっと痛いな」と感じても、そのぶん、簡単にきれいになれるのだとしたら？　大人の女性にとって最高に意味のある投資となるでしょう。

フェイスパウダー

M·A·C（マック）　ミネラライズ スキンフィニッシュ（税込5,830円）。立体感のある肌に仕上げてくれるパウダー。肌に輝きと透明感を与え、ツヤのある仕上がりに

フェイスパウダー

NARS（ナーズ）　ライトリフレクティングセッティングパウダー プレスト N（税込5,830円）。光の反射によってシワを目立ちにくく、肌の透明感を引き出す。小ジワ対策に最適

Q 時間がたつと出てきてしまうシワの隠し方を教えてほしい

A スティック状美容液をひと塗り。シワが目立ちにくくなります

メイクをした直後は、きれいに隠せたと思っても、時間がたつとくっきり現れてくるのが、ほうれい線や目尻のシワ。大人の女性を老け顔に見せる大問題の1つです。シワを隠そうとして、ファンデーションやコンシーラーを厚く塗っていませんか？これは絶対にNG。時間がたつと、ほうれい線が割れてしまうのは、厚塗りが原因です。厚塗りをすると、メイクがシワに入りこみ、乾燥によって割れてくるのです。

では、ほうれい線や目尻のシワはどうやって隠すとよいのでしょう。

ズバリ、**「シワは、メイクで隠さないこと」**。シワは「隠さない」ことが若見えのポイントです。下地もクッションファンデも、できるだけ薄く塗ってください。とくにクッションファンデは、シワの部分には、パフに残っているものを軽くポンポンするだけで十分。実際、私は、ほうれい線の部分にほとんどファンデを塗りません。

そのうえで、57ページで紹介したような粒子が細かくてパール感のあるパウダーを、ブラシでフワッと軽くのせます。すると、**パウダーが光を反射し、レフ板の効果でシワを目立たなく**してくれます。つまり、**「シワは光でとばす」のが正解**です。

それでも、時間がたつと肌が乾燥し、シワが目立ってきます。そのときには、「スティック状美容液」を使いましょう。

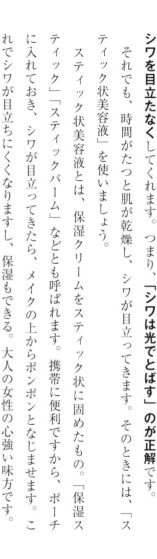

スティック状美容液とは、保湿クリームをスティック状に固めたもの。「保湿スティック」「スティックバーム」などとも呼ばれます。携帯に便利ですから、ポーチに入れておき、シワが目立ってきたら、メイクの上からポンポンとなじませます。これでシワが目立ちにくくなりますし、保湿もできる。大人の女性の心強い味方です。

スティック状美容液

KAHI（カヒ）　マルチバーム（税込3,850円）。シワ部分のメイク割れを改善してくれるスティック状美容液。シワが気になってきたら、メイクの上からポンポンと塗ると、シワを目立ちにくくしてくれる。乾燥対策にも有効

Q ほうれい線がすごい（泣）。いっきに老けてしまいました

A 毎日の簡単なマッサージで、ほうれい線を薄くしていきましょう

「ほうれい線は歳をとった証《あか》し」と思いこんでいませんか？　ほうれい線が刻まれる原因は、加齢だけではありません。加齢以外の7つの原因を紹介します。

1. **頬杖をつく**　皮膚が引っ張られて、ほうれい線の原因に
2. **横向きで寝る**　顔に負荷がかかって骨格がゆがみ、ほうれい線の原因に
3. **頭の筋肉のコリ**　頭の帽状腱膜《ぼうじょうけんまく》が固くなると顔がたるんで、ほうれい線の原因に
4. **表情筋の衰え**　口の周りの表情筋が衰えると、皮膚や脂肪がたれ下がる
5. **紫外線**　紫外線によって肌のコラーゲン、エラスチン量が減少し、ハリが低下
6. **急激なダイエット**　顔の脂肪が急激に減少すると、皮膚がたるむ
7. **もともとの骨格**　顔の骨格が原因でほうれい線が目立つことも

これらを改善していくことで、ほうれい線を今以上に深くするのを防げます。
さらに積極的にほうれい線をケアしていく方法があります。以下の4つです。

1. 頬をふくらませ、ほうれい線をピンと張って、美容液やクリームを溝に塗りこむ
2. アイクリームを目元だけでなく、ほうれい線が気になる口元にも塗る
3. 耳引っ張りストレッチ。耳を上に引っ張るとフェイスラインがキュッと引き上がる。入浴中やテレビを見ているときなど、暇を見つけては、耳を上に引っ張るストレッチを習慣化しよう
4. ペットボトルエクササイズ。10分の1ほど水を入れた500ミリリットルのペットボトルのキャップ部分を唇のみでくわえて、20秒キープ。1日2回の実践で効果大

次ページでは、顔の血行をよくして、肌のハリや弾力性を向上させるフェイシャルマッサージを紹介。ほうれい線の改善やリフトアップにぜひ活用してください。

ほうれい線予防マッサージ

肌の血行をよくして、肌のハリや弾力性を取り戻すフェイシャルマッサージ。シワを薄くする効果、期待大です。指のすべりをよくするため、スキンケアのついでに、または入浴中に実践しましょう

1 輪郭マッサージ

左右ともに、頬骨の下に人差し指、中指、薬指の３本を置く。下から上に指で優しく押し上げるようにしながら、耳のほうに向かって、頬骨の下をなぞるようにマッサージ

× 5回

2 口角マッサージ

口を大きく開く。人差し指と中指で口角から耳の方向にすべらせるようにマッサージ

× 5回

3 手のひらマッサージ

手のひらを顔の中央に当てる。外側に向かって力をこめずにすべらせるように優しくマッサージ

×5回

4 ツボ押しマッサージ

鼻の下の上唇中央から口角の下まで、10本の指をポンポンとリズミカルに動かし、ツボを刺激していく

Q 年齢とともに、目元がぼんやりとしてきました

A パール感のあるアイシャドウベースを使うと、目元がパッと明るく華やかになります

ぼんやりしがちな目元を若々しくするために活用したいのが、アイシャドウベースです。アイシャドウの前に、上まぶた全体に塗っておくと、目元がパッと明るくなりますし、アイシャドウの発色もよくなります。

選ぶポイントはパール感があること。光の反射で透明感が出て、くすみやシワをとばすことができます。美容成分入りのものを使うとなおよいでしょう。潤いが持続し、塗ることそのものがスキンケアになります。

もう1つ大切なのがアイシャドウの色です。年齢とともに重くなりがちな目元を華やかに見せるには、明るい色のアイシャドウがベスト。それなのに、目のきわに暗い締め色を塗る、というメイクを続けていませんか？　まぶたがたれぎみの大人の女性が、上まぶたを暗い色で縁取ると、さらに重たく、目を小さく見せてしまうのです。

透明感のある若々しい目元にするには、明るい色のアイシャドウを1～2色だけ塗れば十分。**上まぶたのきわには締め色を入れない**。これが若見えのコツです。

とても便利なアイシャドウがあります。ミシャ トリプルシャドウNo.14は3色が1つのパレットに入っていて、指に取り、まぶたに2～3往復するだけでOK。ものの数秒で華やかな目元が完成しますから、忙しい朝にぴったりです。

加えて、大人の女性に大切なのが、下まぶたのメイク。顔は、重力のせいか、だんだんと面長になっていきます。**たれがちな顔をキュッと見せるには、涙袋の部分にも明るいアイシャドウをのせること**。下の目のきわには、目尻から黒目の始まりまで、濃い締め色を入れる。こうすると、目を大きく顔を短く見せることができます。

アイシャドウベース

エトヴォス　ミネラルアイバーム シャンパンアイボリー（税込2,750円）。ひと塗りで、透明感があって、パッと華やかな目元に仕上がる。美容成分入り

指塗りアイシャドウ

ミシャ　トリプルシャドウNo.14（税込880円）。指に取ってまぶたにスライドさせるだけ。簡単にグラデーションができ、時短に最適

Q まぶたがたるみ、アイラインが引きにくくなりました

A アイライナーは「引く」のではなく、「小刻みに動かす」のがコツです

アイラインも悩みの多いメイクです。「キュッと切れ長に描けない」「スーッと目尻まできれいに引けない」などのほかに、「奥二重のため、アイラインを引く位置がわからない」との意見もありました。多くの人が、アイラインとは「1本線できれいにスーッと引き、最後はキュッと切れ長に仕上がるもの」と思いこんでいるようです。

本来、アイラインの目的とは、目の輪郭をきわ立たせることで、目を大きく魅力的に見せること。**1本線できれいに描く必要はない**のです。

上手に描くには、まず、上まぶたを指で優しく引き上げます。そして、**まつ毛とまつ毛の間を埋めるように、ペン先を小刻みに動かして色を入れて**いきます。こうすると、失敗する心配もなく、目を大きく見せることができます。

なお、くっきり二重《ふたえ》も、奥二重も、一重《ひとえ》も、アイラインを入れる位置は一緒。まつ

毛の生え際です。

「まぶたがたれ、目元がぼんやりとしてきた」「奥二重です。どうすると、目元がパッチリになりますか」「一重が悩み」という声もいただきました。

目元をはっきりさせるには、アイラインを入れることがいちばん。それでも奥二重や一重が気になるならば、二重のりを試してみてはどうでしょう。二重のりとは、まぶたを接着したり段差をつけたりして、二重をつくるメイクです。

ところが、「二重のりは若い人のものでしょう」と思いこんでいる人が少なくありません。今は、二重のりが充実し、ちょっと練習すれば、きれいな二重をつくれるアイテムがドラッグストアなどにズラリと並んでいます。これを活用しないのはもったいない、と思うのです。

一方で、自分の目元を活かすメイクをするのも、すてきですよね。

たとえば、一重の涼し気な目元には、薄いラベンダー色のアイシャドウがよくにあいます。腫れぼったいまぶたには、肌なじみのよいオレンジ系のベージュがおすすめ。目元をすっきりと見せられます。そこにアイラインをほんの少しオーバーに引いてみましょう。すてきな大人の女性の顔に仕上がります。

Q 時間が経つと、目の下が黒くなってしまいます

A ウォータープルーフのマスカラを使い、綿棒を持ち歩きましょう

アイライナーやマスカラを使うと、気になるのが、目の下の黒ずみ。メイクをしてから時間が経つと、うっすらと黒ずんでくることがあります。「アイライナーやマスカラがにじむ」「アイメイクが落ちやすい」「夕方にはパンダ目になっている」という悩みも多く見られました。

この問題を解決する方法は3つ。

まず1つめは、コスメ選びです。アイライナーやマスカラは、ウォータープルーフのタイプを使いましょう。ウォータープルーフとは、ご存じのとおり「耐水性」という意味。汗や涙、水などでとれにくい効果のことです。

2つめは、メイクをする際に、**下まぶたにもパウダーをきちんとつけておく**こと。パウダーをしておくことで、まばたきをした際などに、アイライナーやマスカラが下

まぶたにつくのを防ぐことができます。

そして3つめは、メイク直しです。あくびをしたり、涙が出たり、汗をかいたり……。そんなことが重なれば、ウォータープルーフとはいえ、夕方には下まぶたが黒ずんでしまうもの。このときには、黒ずみをとるしか方法がありません。

そこで役立つのが、綿棒と乳液。私は、日焼け止め効果のある乳液を1本持ち歩いています。その**乳液を綿棒に少し浸して、下まぶたをぬぐえば、きれいに黒ずみを取る**ことができます。そのうえで、もう一度、下まぶたにメイクをしていきましょう。

「夕方には疲れ顔になっている」という悩みも、下まぶたのメイクをきれいに直すことで解決します。疲労感とは、多くの場合、目元のメイク崩れに表れます。

なお、「下まぶたが黒くなるのがイヤだから、下まつ毛にマスカラはしない」という人がいますね。これは若見えのメイクを1つ手放しているようなもの。上まつ毛にマスカラをしたら、ぜひ、下まつ毛にもしましょう。まつ毛に塗る前に、コームの部分をいったんティッシュで軽く拭くと、ダマになるのを防げます。

下まつ毛にもマスカラをすることで、目がパッチリと大きくなるとともに、顔がキュッと引きしまって、若見えするのです。

Q 眉と目が左右アンバランス。メイクでカバーできますか？

A メイクでカバーするには限界が。私は小顔矯正を活用しています

年齢とともに、顔は左右で違ってくるものです。もともと人の顔は左右対称ではなく、そこに生活習慣やかみ合わせなども加わって、顔がゆがんでいきます。この左右のアンバランスを、メイクだけでカバーするには、残念ながら限界があります。

私も、左目が小さいのが気になっています。気になることは、そのままにしていると、ますます気になってしまうもの。だから、必要なことはプロの力を借ります。

たとえば、顔のゆがみが気になるときには、小顔矯正に通います。顔のゆがみは、全身のゆがみからきていますから、全身の骨格矯正に通うこともあります。

以前、高名な整体の先生に施術していただいたことがありました。本を読んで、「この先生にお願いしたい！」とインターネットで探して予約を入れました。これは、とても痛かった（笑）。でも、効きました。

最近は、痛くない整体を探して、通っています。痛くなくても、効果は十分に得られます。小顔矯正をすると、顔がすっきりし、たまった老廃物が流れて心地よくなります。リラックスもします。何より、ゆがみのとれた自分の顔を見るのは、とってもうれしい！　この時間とお金は、自分のエネルギーを高めるための投資です。

顔のゆがみはメイクで改善できませんが、たれてきた顔をリフトアップして見せることは、メイクでも可能です。ここで役立つのがチーク。**ポイントは鼻下のラインより上に入れること。そして、こめかみに向かってなじませること**。この2つを守って入れると、たるみがちな頬がキュッと引き上がって見え、小顔効果を得られます。

反対に、「頬に丸く入れる」「鼻下のラインまで、縦長に入れる」「カラーが薄すぎる」「カラーが濃すぎる」「リップの色とあっていない」「服の色とあっていない」「ラメやパールがキラキラしすぎている」というチークは、たるみがちな頬を強調したり、老け顔に見せてしまったりします。こんなチークの入れ方をしている女性は、意外にも多い。とってももったいない、と思うのです。

若見えするチークは、くり返しますが、鼻下のラインより上に、こめかみに向かって斜め横長に入れること。**女性の印象はチーク1つでガラリと変わる**のです。

Q マスク生活が終了。口周りが老けてしまいました

A 明るい色のリップと服、そして笑顔。これで口元に若さが戻ります

「長いマスク生活でメイクをする習慣がなくなり、今もマスクを手放せない」「マスク生活が終わり、マスクを外したら、口周りが老けてしまっていた」

こんな悩みも届きました。同じように感じている女性も多いでしょう。

マスクを着用していると口元の動きが小さくなるため、必然的に筋肉の動きも小さくなります。よってマスク生活を長引かせるほど、口周りが老けやすくなります。しかも、マスクをしていれば、メイクの必要性を感じにくくなって悪循環です。

では、口元に若々しさを取り戻すには、何が必要でしょうか。

笑顔。これがいちばん！　口を大きく動かして口角を上げていれば、口周りの筋肉が鍛えられ、必ず口元に若々しさがよみがえってきます。

今は「人生100年時代」。よくも悪くも、顔には人の生き方が刻まれます。若々

しくあることをあきらめ、口角を下げて暮らし続けるのは、人生、あまりにもったいない。**笑顔は、女性を何歳になってもかわいらしく**見せてくれます。

だから私は、歩いているときにも、思わず笑顔が出てくるよう、いつも楽しいことを計画しています。とはいえ、日々いろんなことが起こりますよね。怒りたくなることもあります。そんなとき、私は大好きな香りのハンドクリームを塗り、香りを思う存分吸いこんで、笑顔になる。人に怒りを向けないのは、自分のため。せっかくがんばってメイクをしたなら、きれいでありたいですもの。それには、笑顔がいちばんです。

「どんなリップが自分にあうかわからない」

という人もいます。リップは、**唇につけたときにテンションの上がる色が「にあう色」**。お店ではテスターを手の甲につけ、口元に持っていったとき、あなたの笑顔をよりすてきに見せてくれる色を選びましょう。

「明るい色のリップはにあわない」と感じるなら、服の色を見直して。暗い色の服に、明るい色のリップは映えないもの。反対に、明るい色の服には明るい色のリップがにあいます。明るい色は顔色を美しく見せてくれるうえ、気分も上がり、笑顔をますます輝かせてくれる。大人の女性に必要なのは、笑顔と「明るい色」なのです。

Q デパコスカウンターに行くのは、気が引けてしまいます

A ねらうは、平日の午前中。ていねいに接客してくれて、癒されますよ

「若いころはデパコス（デパートのコスメ）を使っていたけれど、子育て中に足が遠のき、メイクをあまりしなくなった今は、カウンターに行くことさえ気がひける」そんな悩みも届きました。でも、そこは気にしなくてよいところ。ビューティアドバイザー（ＢＡ）さんは、お仕事です。「今はメイクをしていない」というお客さんが、「きれいになりたい」と相談に来てくれたら、とってもうれしいはずなのです。

「すすめられたら、買わなければいけなくなるのでは……」という人もいます。ここも、心配の必要はなし。サンプルだけもらって「また来ます」と帰れば大丈夫。そんなお客さんは大勢います。サンプルをもらい、自宅でいったん試してみて、「やっぱりほしい」と思ったときに、買いにいけばよいのです。

私も先日、デパコスのカウンターにコンシーラーを買いにいきました。そこで、Ｂ

Aさんに新発売のパウダーを紹介されました。品質がよく、カバー力の高いパウダーで、いっぺんで「お気に入り」に認定。でも、「今日はコンシーラーだけ」と思いとどまり、「また来ます」とお返事しました。それでもBAさんは「お待ちしています」と笑顔で、ご自身の名刺にパウダーの名前と色番号を書いて渡してくれました。

デパコスのよさは、肌なじみがよいものが多いことです。高価なコスメもありますが、お手頃価格でよいものもたくさんあります。しかも、自分の肌にあったコスメをBAさんが選んでくれます。ですから、「せっかく買ったのに、色があわない」という失敗をしなくてすむのです。

しかも、BAさんはメイクの情報をたくさん持っています。お客さんがきれいになるメイク法も知っています。そんな**BAさんとおしゃべりするひとときは、心にパッと花が咲くよう**で癒されます。

ただ、平日の夕方や休日など、お客さんが多い時間帯に行くと、BAさんも忙しくて、声をかけてもらえないことが多いでしょう。ねらうは、平日の午前中。お客さんが少ない時間帯に行くと、あなたに最適な1品をていねいに選んでくれるはずです。

女性はデパコス1つで華やかな気持ちになれる。上手に活用しましょう。

Q メイクは、夢の実現や健康長寿と関係がありますか？

A メイクには、今日からの人生を昨日より輝かせるパワーがあります

メイクのお悩みに、こんなすてきな質問がありました。

「美容とメンタル、夢の実現の関係性について教えてください。ジャンヌ・カルマンの生存年齢を、自信を持って超えていけるようなメイク法はありますか？」

ジャンヌ・カルマンとは、人類史上もっとも長生きをしたとされるフランス人の女性。1997年に亡くなりましたが、122年と164日生きたといわれています。

彼女は85歳からフェンシングをはじめ、100歳まで自転車に乗り、114歳で映画に出演し、史上最年長の女優となったと伝えられています。

彼女の健康長寿の源は、チャレンジ精神にありました。**「もういい歳だから」という言葉は封印し、「やりたい」という思いを羅針盤にして、チャレンジを続けた**のでしょう。心身ともに元気であり続けるために必要なのは、チャレンジ精神。ジャン

ヌ・カルマンの生き方は、そのことを私たちに教えてくれます。

メイクは、女性のチャレンジを後押ししてくれます。そして、「かわいい」をめざすメイクこそ、年齢を重ねることを楽しくするメイク。「心を元気にし、自信を与えてくれる」という力強いパワーがある、と私は感じています。

鏡にふと映る自分の顔がステキに見えると、それだけで気持ちは高揚し、ポジティブになります。メイクが上手にできた日には外出したくなりますし、誰かに会いたくもなります。エネルギーを外に向かって発散したくなるのです。それがメンタルを整え、夢を叶える言動へとつながっていきます。

だから、私は休日でもメイクをし、「今日の自分」の可能性を高めます。ところが、「なんのためにメイクをするのか、わからない」

という人が、年齢とともに多くなっていきます。女性にとってメイクとは、**今日からの人生を昨日より輝かせるためのエネルギー源**。「メイクをする意味がわからない」と思うのならば、まずは本書を参考に若見えするメイクを、どうか楽しんでみて。意味なんて難しいことを考えず、楽しみましょう。それによって顔に輝きが宿れば、夢と健康長寿を叶えていくエネルギーが、心の内から自然とわいてくるはずです。

Q メイクをする意欲を持てないことが悩みです

A まずはLINEやインスタのプロフィール写真を自撮りしてみませんか？

「コロナ以降、フルメイクをしなくなった。そういう気分にならないのが悩みです」「ステイホームで引きこもって以降、メイクへの関心がなくなりました。これではいけないと思いますが、モチベーションがないことが悩みです」

こうした悩みもよくわかります。メイクを「人に会うときのマナー」と考えれば、人と会わないときには、メイクをする必要がなくなります。

では、いったん失われたメイクへのモチベーションを高めるには、どうするとよいでしょうか。

その第一歩として、たとえば、ＬＩＮＥやインスタグラム（インスタ）などのプロフィール写真を撮ってみませんか？

私はインスタやキレイナビで毎日情報を発信しています。その写真は、自分で撮っています。実は、本書に掲載しているメイクやマッサージの写真も、スマートフォンで自撮りしたもの。ITやAIの発展した現在は、「やりたい」という個人の夢や希望が叶いやすい時代。スマートフォン1台あれば、映画だって撮影できるのです。
「見て、見て！」と人に見せたくなるようなプロフィール写真だって、楽しみながら撮ることができます。プロのカメラマンに撮影してもらうと、私も緊張します。ですが**自撮りならば、納得の1枚を撮れるまで、何度だってチャレンジ**できます。きれいにメイクし、最高の1枚をプロフィールにして毎日見ていたら、元気倍増。「このプロフィール写真に見あう自分でいよう」とメイクへのモチベーションも高まります。
では、最高の1枚をスマホで撮る秘訣を紹介しましょう。
〈1〉本書で紹介するメイクを、いつもより濃いめにします。写真では、色がとびやすいので、「ちょっと濃いかな」と感じるくらいがちょうどよいでしょう。
〈2〉昼間に窓際や外で自然光を使って撮影します。照明器具の明かりより、自然光のほうが肌を美しく見せてくれます。
〈3〉きれいに自撮りできる補正機能のあるアプリをダウンロードしましょう。私が使っているのは「SNOW（スノウ）」というアプリです。「SODA（ソーダ）」や

「Ｕｌｉｋｅ（ユーライク）」なども使いやすいアプリ。こうしたアプリを使って撮影すると、自分自身をきれいに撮ることができます。

〈４〉アプリにはさまざまな機能がありますが、「ナチュラル」モードで撮影すると、ほどよく補正され、自然な表情の写真が撮れます。目の大きさや輪郭、鼻の高さなどを変えることもできますが、あまり変化させると、不自然な顔になるので要注意。

〈５〉セルフタイマーを使うと、いろいろな角度や距離から撮影できます。

お気に入りの1枚を撮れると、メイクをすることが楽しくなります。外出したときにも、前述のアプリを使って撮影すれば、すてきな思い出の写真が撮れるでしょう。

外出する機会が増えれば、メイクを楽しむ意欲もわきます。日記のつもりでインスタにアップするのも楽しいものです。私は、美容情報を発信する「ｂｉｙｏｕｋａｍｉｋａ」というインスタの他に、ダイエットや趣味のハンドメイド作品を投稿するインスタも開設しています。ハンドメイドのインスタでは作品を紹介していただけなのですが、思いがけず注文が入るようになりました。

「好きが仕事になる」ことは、一つの夢の実現の形。そんなふうに、**メイクをエネルギーの源にして一歩を踏み出せば、自分の世界を広げていく**ことができるのです。

第2章

METHOD
「10歳若見え」メイクの方法とアイテムの選び方

忙しいなら、朝食の用意をしながらキッチンでメイクをしたってよいのです

本章では、朝のスキンケアとメイクの方法について、お話ししていきます。

「朝は戦争」とよくいいますね。わが家の朝も、まさに戦争。朝食のしたくをして、2人の子どもを起こし、掃除・片づけ・洗濯、そして、こまごまとした名もなき家事をこなしながら、家族に朝食をとらせ、送り出します。

家族が出かけたら、私も仕事モードにスイッチオン。仕事に出かけたり、自宅で原稿を書いたり、キレイナビの運営をしたり、インスタにアップする動画を撮影したりなど、今できる限りのことをしていきます。

ですから、スキンケアやメイクは、ポイントを押さえて楽しむのが私流。「時間がないから、手を抜く」とあきらめるのではなく、**「今ある時間を楽しみ、今日の自分がご機嫌でいられる方法」**を美容家として日々探究しています。

そこで編み出したのが、キッチンで朝のしたくをしながら、洗顔からメイクまでをしていくこと。キッチンのデッドスペースを活用して、鏡つきのメイクスペースをDIYしました。子どもたちが今よりもっと幼くて片時も目が離せなかったとき、彼らを見ながらメイクをするには、キッチンが最適だったのです。

今も、朝食をつくりながら、キッチンでメイクをします。小学校1年生の娘は「どうしてママは、キッチンでメイクをするの？」と不思議そう。「どうしてだろう」と思ったとき、よみがえった母の姿。母も忙しい人で、朝食をつくりながらキッチンでメイクをしていました。「どんなに忙しくても、女性として自分の機嫌を取る姿」は、母から習ったように思います。

さて、本章ではスキンケアからメイクの方法まで、順を追ってお話しします。メイクの方法は、STEP1からSTEP12までで、8～30ページとリンクしています。カラーページではトータル10分で完成するフルメイクの方法を紹介しました。本章ではどんなコスメを選ぶと簡単にきれいになれるかを中心にお伝えしましょう。

10歳若見えメイクにはコスメ選びが大切。**「必ずこれを使う」というのではなく、「こんなことをポイントにコスメを選んでみる」という参考**にしてください。

〈洗顔〉肌を愛おしむように優しく洗おう

朝起きたらまずキッチンに立って、洗顔するのが私流。洗顔フォームもキッチンのメイクスペースに常備しています。こんな話をすると、「えっ！」と絶句されることもありますが、そんな人も「試してみたら、シンクが大きくて快適だった！」とたいてい が喜んでくれます。

大人の女性にとって、洗顔の最大のポイントは、肌に負担をかけない方法で行うこと。「おはよう。今日もよろしくね」と肌を愛おしむ気持ちで洗いましょう。以下の7つの点に気をつけて洗顔すると、肌に負担をかけずにきれいに洗うことができます。

1. × 目元から洗う

◎ **乾燥しやすい目元からではなく、皮脂の多い鼻の周りから洗いましょう**

2. × ゴシゴシ手でこする
◎ **洗顔料をよく泡立て、肌に泡をすべらせるように優しく洗いましょう**

3. × 熱いお湯で流す
◎ **肌が乾燥する原因になるので、34度くらいのぬるま湯で洗いましょう**

4. × シャワーを直接顔に当てる
◎ **刺激になるので、手ですくったお湯で流しましょう**

5. × 洗浄力の強い洗顔料で洗う
◎ **皮脂を取りすぎると、肌が乾燥するので気をつけましょう**

6. × 小鼻の角栓を爪でかき出す
◎ **毛穴が開く原因になるので、指の腹で優しく洗いましょう**

7. × タオルでゴシゴシ拭く
◎ **肌の負担になるので、そっと押さえるように水分を取りましょう**

キッチンで顔を洗う私は、水分はキッチンペーパーで優しく拭き取ります。その後、シートマスクを顔にペタリ。このマスク状態で朝食のしたくを始めます。

〈シートマスク〉

水分を与え、メイクのりがよい潤い肌に

大人の女性の肌は、水分と栄養を欲しています。シートマスクは、水分と美容成分をじっくりと肌に与えてくれます。そんな**シートマスクを毎日使っていけば、1か月もすると肌質が変わり、透明感が出てくる**でしょう。

きれいであり続けるには、欲ばりになることも大切。私は朝と晩、シートマスクを使います。「1日2回は大変」という場合、使ったほうがよいのは断然、朝です。

最近は、たくさんのシートマスクがお手頃価格で購入できます。毎日続けるには、高価なものでなくてOK。お手頃価格のマスクでも、肌を十分に潤してくれます。

私はいくつかのシートマスクを常備し「今日の肌」にあわせて使いわけています。

ふだん使いにしているのは、ヒアルロン酸とセラミドという保湿成分入りのマスク。ここにナイアシンアミドという成分が入ると、シワ対策になります。

紫外線を浴び、シミが気になる日には、ビタミンC誘導体やプラセンタなどの美白成分入りのマスクを使います。吹き出ものができたときには、CICA（シカ）入りがよいでしょう。CICAには、炎症や肌荒れを抑える効果を期待できます。

シートマスクは、貼り方も大切。ポイントは6つです。

〈1〉目の下のラインに位置をあわせて、シートマスクを顔全体に広げます。**シワやくすみが現れやすい目元に、シートがあたるように**しましょう

〈2〉頬の部分のシートをググッと引き上げるように固定して、たるみを解消

〈3〉個包装のシートマスクを使う場合は、袋に残っている液を絞り出し、目や口の周りなど、シートマスクの上から重ねづけを

〈4〉**シートマスクは約10分間で外すこと！**　長くつけていると、肌の水分がシートに取られてしまいます。ただし、使用時間は商品によって違ってきます。パッケージの使い方を確認しましょう

〈5〉手のひらで、ゆっくりとハンドプレス。美容成分を肌に押しこめましょう

〈6〉シートマスクを外したら、首、デコルテ、手、膝、かかとなどにもなじませ、各部位もササッとケアをしましょう

〈スキンケア&マッサージ〉
むくみをとって、目をパッチリと開かせる

シートマスクを外したら、次に、美容液、乳液の順番でスキンケアをしていきます。美容液と乳液は顔全体に塗りましょう。

ここで**忘れてはいけないのが、ハンドプレス**。シートマスク、美容液、乳液など、スキンケアをしたら、その都度、両手のひらを縦、横と動かしながら、顔全体を優しく包みこむようにして美肌成分を押しこんでいきましょう。

そのうえで、乾燥やシワの気になる目元と口元にクリームを塗りこみます。私はアイクリームを目元だけでなく口元のほうれい線にも塗ります。このとき、頬をふくらませ、ほうれい線をピンと張った状態でクリームを溝に塗ってくださいね。

次に、「目元パッチリ！　1分間マッサージ」を行います。マッサージの所要時間は、その名のとおり約1分。簡単ですが、効果は絶大です。

実は私、朝は顔がむくみやすいのです。「家族にも見せたくない！」と思うほど。そんなむくみも、**マッサージをすることでスーッと引いていき、目がパッと開いていきます。**マッサージの前後で「目の大きさがまるで違う」とわれながら感動するほど。みなさんもぜひ、朝のスキンケアにマッサージを取り入れてみてください。

なお、このマッサージは、スキンケアのあとに行うことがポイント。乳液の油分で指がなめらかに動くためです。何も塗っていない状態で行うと、肌への刺激が強すぎてよくありません。

マッサージが終わったら、約10分間、メイクまで時間を空けましょう。前述していますが、メイク崩れを防ぐには、この10分間が重要。私は、メイク待ちの10分間を活用して、朝食のテーブルセッティングをし、子どもたちを起こします。小学校1年生の娘のマイブームは、くすぐって起こしてもらうこと。ちょっぴり時間もかかりますが、10分もあれば余裕です。

10分待ったら、軽くティッシュオフをし、スキンケアは完成。メイクのりのよい肌ができあがりました。いざ！　メイクに入っていきましょう。ちなみに、この10分間を待てないほど急いでいるときには、ティッシュオフで油分を軽くぬぐってください。

目元パッチリ！　1分間マッサージ

朝のスキンケアをしたら、肌や手についた油分を使ってマッサージをしましょう。１分間もかからずにできる簡単マッサージ。顔にたまった水分や老廃物を流してむくみを解消！　寝起きの目がパッチリ開きます。

フェイスラインのマッサージ

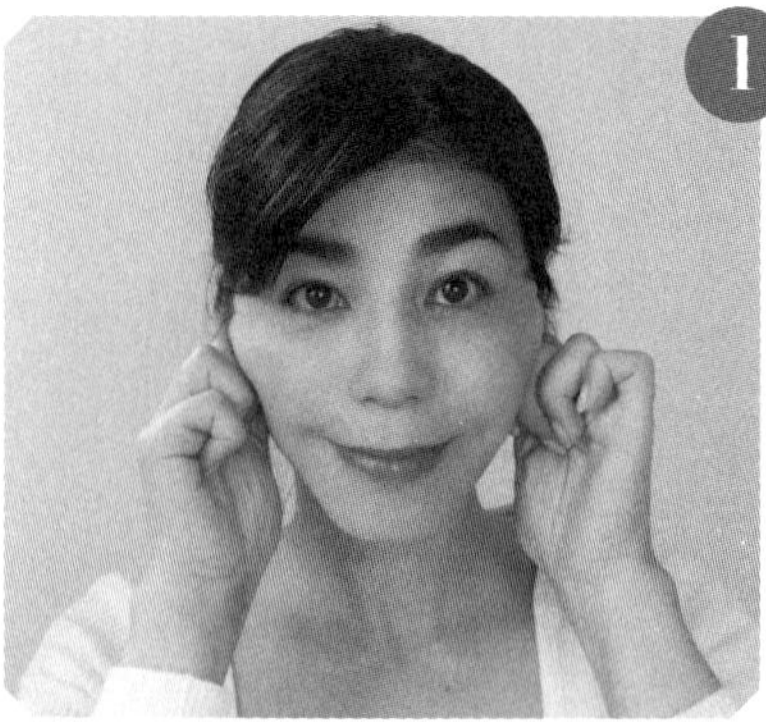

❶ 両手をグーに。人差し指と中指の間に顎を置き、グーッと引き上げていく

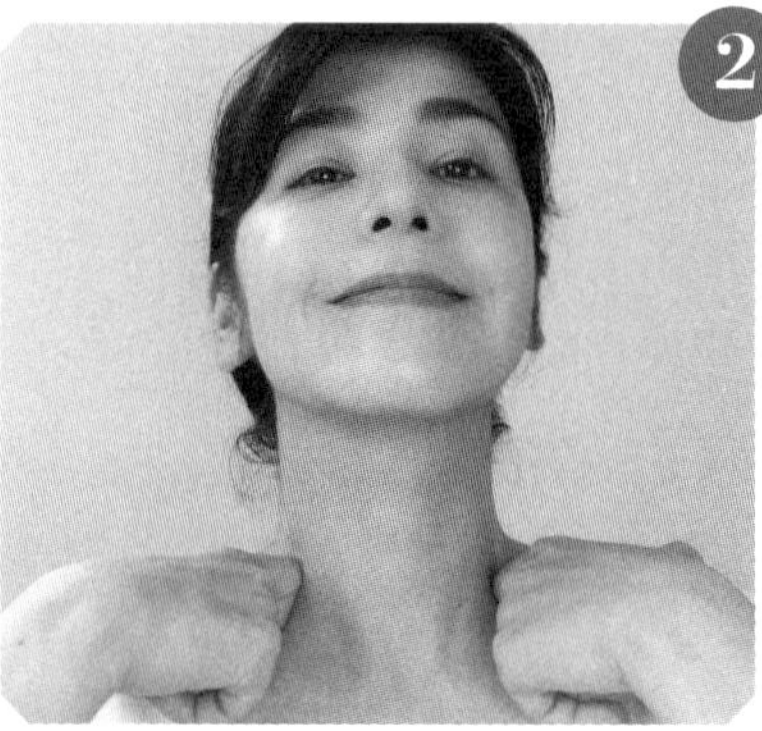

❷ 耳たぶの下部にある骨の下（耳下腺）で指を止め、真下に降ろす。❶から❷を続けて10回

効能

顔にたまった水分や老廃物を流しつつ、リフトアップ！

鎖骨のマッサージ

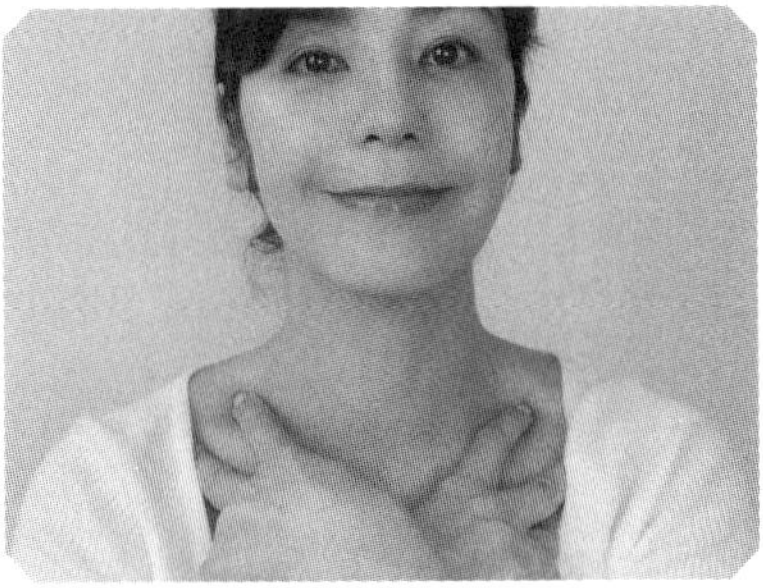

両手の指をチョキに。手をクロスして反対側の鎖骨を挟み、指を左右に動かして約10回マッサージ

効能

顔から流れてきた水分や老廃物を流すとともに、肩こりも解消！

耳のマッサージ

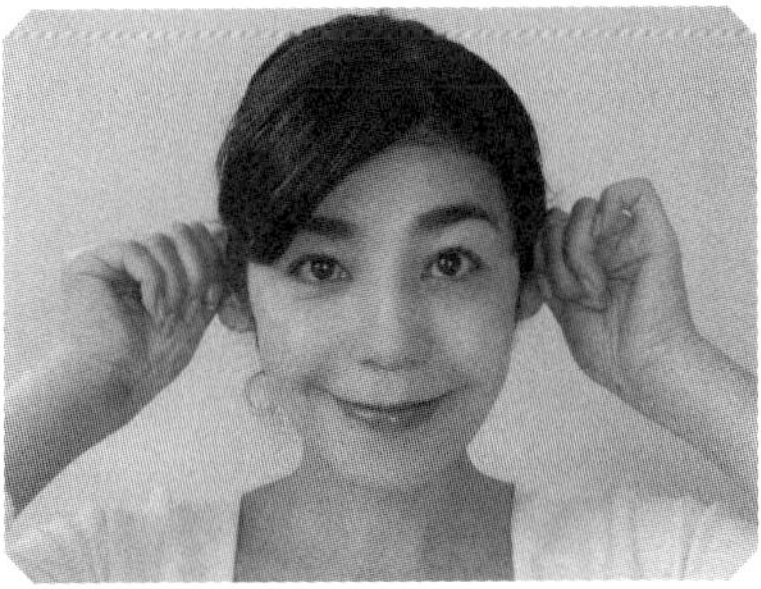

耳をつかみ、約10回上下に動かす

効能

耳には全身に通じるツボがたくさん。耳マッサージは全身の血流アップに効果あり！

頭皮のマッサージ

左右10本の指の腹で頭皮をつかむようにして、頭をまんべんなくマッサージ。約10回

効能

頭皮のかたさは肌たるみの原因に！　頭皮をしっかりもみほぐせば毛髪ケアにも

STEP.01

下地づくり&毛穴カバー

「ラベンダー色の下地」でくすみをとばそう

真っ白のキャンバスにはすてきな色が映えるように、透明感のある肌にはカラーメイクがよくのります。

ところが肌とは、悲しいことに加齢とともにくすみがちに。そんな大人の女性だからこそ、もっとも大事にしたいのがベースメイクです。

まず、こだわっていきたいのは、化粧下地。**大人の女性には、「ラベンダー色の下地」がおすすめ**。くすみをとばして、透明感を出す働きがあります。

下地の色には、それぞれ効果があります。ピンク色は肌を明るく、血色感を高めてくれます。イエローやグリーンは、赤みを抑える働きがあります。イエローやグリーンの色を使う場合は、鼻や小鼻など、赤みが気になる部分に塗りましょう。

一方、肌色の下地も多く見られます。ただ、大人の女性がくすみを飛ばしていくには、肌色よりラベンダー色のほうが有効と私は感じます。肌色を選ぶ場合は、トーンアップ効果のある下地にすると、くすみ改善に効果的でしょう。

もう1つ、下地選びで大切なのは、テクスチャー（質感）です。購入する際には、**手の甲で試し、のびがよく、肌をきれいに見せてくれるものを選んで**ください。

下地は中央から外側に向かって塗り、ハンドプレスをして肌に密着させます。このひと手間が、メイク崩れを防ぐには大切です。

次に毛穴カバーをしていきます。加齢とともに、毛穴の開きも目立つように。その部分に、毛穴落ちを防ぐための部分用化粧下地を塗りこみましょう（54〜55ページ）。このひと手間で、ファンデーションが毛穴に落ちるのを防ぐことができます。

ラベンダー色の化粧下地

ジルスチュアート　イルミネイティング セラムプライマー（税込3,520円）。パール感のあるラベンダーで、肌なじみもよく、時間がたってもくすみにくい

ラベンダー色の化粧下地

インテグレート　エアフィールメーカー（税込990円）。サラッとしたつけ心地で、肌なじみがよく、薄くのびる。補正力も◎

STEP.02

シミを隠す

コンシーラーを叩きこみ、シミをなかったことに

気になるシミがある人は、コンシーラーで隠す作業を行いましょう。

私も頬に濃いシミがあります。そのままの顔を見ると、やっぱり落ちこんでしまう。だからこそ、毎朝きちんと隠して、シミを「ないこと」にしています。シミを隠すだけで若見えし、鏡を見るのがうれしくなるのですから、これは大切な作業です。

コンシーラーはプチプラのコスメもありますが、カバー力の弱いものを選ぶと厚塗りになって、メイクがよれたり、シミが浮き出てきたりするので要注意。**シミは、コンシーラーさえよいものを選べば、テクニックいらずで、簡単に隠せる**のです。

コンシーラー選びの1つめのポイントは、テクスチャーです。やわらかくて塗り心地のよいものを選ぶと、肌に密着してシミをきれいに隠せます。

2つめのポイントは、保湿性の高さです。**とくに目元のシミを隠す場合、保湿性**

が重要。目元が乾燥すると、シミを隠せたところで、小ジワが目立ってしまいます。

3つめは色。肌よりワントーン暗めのものを選びましょう。

さまざまなコンシーラーを使ってきて、私がシミ隠しに最強と感じているのは、M・A・Cのスタジオ フィックス オールオーバー フェイス ペン。ノック式で出てくるペンタイプのコンシーラーです。保湿成分のヒアルロン酸ナトリウムを含有していて、テクスチャーはなめらか。メーカーの調査によれば、ナチュラルな仕上がりが、36時間も持続したといいます。

シミ隠しには、ブラシも大切です。私は同じメーカーのブラシを使っているのですが、セットで使うとカバー力が格段に上がり、シミをきれいに消すことができます。

コンシーラーとコンシーラーブラシ

M･A･C　スタジオ フィックス オールオーバー フェイス ペン（税込5,610円）と#171S スムースエッジ オールオーバー フェイス　ブラシ（税込7,150円）。セットで使うと、シミのカバー力がアップ！

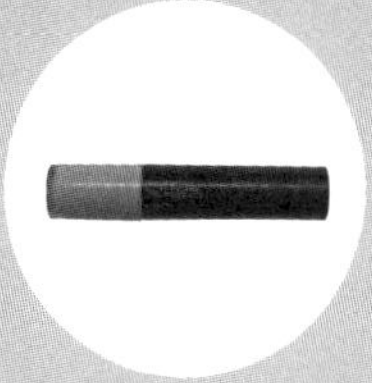

コンシーラー

the SAEM（ゼセム）　カバーパーフェクション アイディアル　コンシーラー デュオ（税込1,660円）。ポイントにも広範囲にも使えるコンシーラー

STEP.03

クッションファンデーション

大人の美肌は、クッションファンデが叶えてくれる

多くの人は、加齢とともに積み重なる肌の悩みを、ファンデーションを厚く塗ることで隠そうとします。この厚塗りこそが、老け見えの元凶です。

大人の女性が若見えをめざすには、**ファンデーション1つで悩みすべてを隠そうとよくばらない**こと。ラベンダー色の下地でくすみをとばし、上質のコンシーラーでシミを完璧に隠し、その土台にファンデーションを薄く塗ってナチュラルなツヤ肌をつくる。用途にあわせてコスメを使いわければ、厚塗りの老け顔から解放されます。

では、薄塗りに最適なコスメは何でしょうか。クッションファンデです。

のびがよいのがクッションファンデの最大のポイント。しかも、リキッドのように手が汚れないので、朝食をつくりながらメイクをするには最適です。

では、クッションファンデは何をポイントに選ぶとよいでしょう。

1つめは、自分の肌の色にあっていること。ファンデーションの色には、ピンクオークル、オークル、ナチュラル、ベージュなどの名前がありますが、メーカーによって色が違ってきます。ですから、**色の名前を頼りにファンデーションを選ばない**こと。購入に際しては、手の甲に塗ってみて、ご自身のフェイスラインに近づけて、色が近いかを見ましょう。テスターがない場合は、パッケージの色見本をフェイスラインに当て、見比べてみるとよいと思います。

2つめのポイントは、美容成分が入っているかどうか。ファンデーションは乾燥すると、よれたり、シワに入りこんでヒビ割れしたりします。クッションファンデは美容成分入りのものが多く、そうしたタイプは乾燥やメイク崩れを防いでくれるのです。

クッションファンデ

MISSHA JAPAN（ミシャジャパン） ミシャ M クッションファンデーション（ネオカバー）（税込1,980円）。透明感のあるカバー力で自然なツヤ肌に。美容成分入りで長時間潤いが続く

クッションファンデ

TIRTIR（ティルティル） MASK FIT RED CUSHION（税込2,970円）。メイクの持ちがよく、崩れにくい。1回のタッチでツヤのある肌が完成するのが特徴

STEP.04

クマを隠す

しつこいクマはオレンジ色のコンシーラーで撃退

大人の女性を悩ませるクマも、メイクできれいに隠すことができます。ここで使うのも、コンシーラーです。ただし、シミを隠すコンシーラーでは、クマは隠せません。シミとクマでは、色みが違うからです。

シミは、メラニンという色素がつくる茶色の斑点。かたやクマは、血色の悪さからくる青グマ。目を酷使した翌日や睡眠不足の日に、クマが濃くなるのは血行不良が原因です。

この**青グマは、コンシーラーの2色使いで隠せます**。クッションファンデのあとに、まず、明るい色のベージュのコンシーラーを塗り、続けてオレンジ色のコンシーラーを重ねる。これで青グマをきれいに隠せます。

一方、たるみやむくみからくる黒グマもあります。目元が年々たるんでくるのは、目の周りの皮膚が薄く、重力にあらがえなくなるから。こうなると、たるんだ皮膚によって目の下が黒ずんで見えてしまうのです。この黒グマは、やや暗めのベージュを塗ってから、オレンジ色のコンシーラーを重ねると、目立たなくなります。

クマ隠しに最適なコンシーラーもいろいろあります。その中で、私が最強と感じているのは、RMKのフローレスカバーコンシーラー。このコンシーラーもデパコスです。何より心強いのは、カウンターで、自分に最適な2色をBAさんに選んでもらえること。その2色を1つのケースにセットできます。

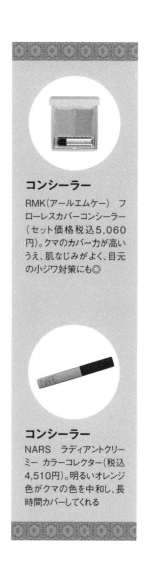

目元はよく動くので、とくに乾燥しやすくよれやすい部分。クマ隠しの**コンシーラーはテクスチャーがやわらかく、保湿成分が含まれること**をポイントに選びましょう。

コンシーラー

RMK(アールエムケー) フローレスカバーコンシーラー(セット価格税込5,060円)。クマのカバー力が高いうえ、肌なじみがよく、目元の小ジワ対策にも◎

コンシーラー

NARS ラディアントクリーミー カラーコレクター(税込4,510円)。明るいオレンジ色がクマの色を中和し、長時間カバーしてくれる

STEP.05

フェイスパウダー

粒子が細かいパウダーで、ナチュラルな肌に仕上げる

ベースメイクの仕上げは、フェイスパウダー。クッションファンデやコンシーラーの油分をパウダーで抑えることで、テカリとメイク崩れを防いでいきます。

ここで、大事になるのがブラシです。大きくて毛がやわらかく、粉含みのよいブラシを使いましょう。付属のパフでは、ムラができたり、濃くついたりしやすいもの。**ブラシであれば、パウダーをフワッと肌にのせられ、素肌感を引き出せます**。

フェイスパウダーは、2つのコスメを使いわけることがおすすめです。

まず、皮脂が多い鼻には、皮脂対策用のパウダーを使いましょう。「ノーセバム（NO皮脂）」「皮脂対策」などと記載されています。

一方、目の周りや頬には、パール感のあるパウダーを使います（57ページ）。このパウダーは、粒子が細かいものを選ぶこと。粒子の細かなパウダーであればパール感

が悪目立ちせずに、大人の女性の肌に輝くような透明感を与えてくれます。

ほうれい線や目尻のシワにも、パール感のあるパウダーをフワッと軽くのせましょう。光が反射し、シワがつくる陰影をとばしてくれます。

ただ、「毎朝忙しくて、パウダーを2つも使うのは大変」という人もいるでしょう。そうした人には、メイクアップフォーエバーのウルトラHDルースパウダーのような超微粒子パウダーがおすすめ。高機能になればそのぶん価格も上がりますが、つけていることがわからないほどナチュラルに仕上がり、皮脂対策にもなります。

なお、忘れてはいけないのが、**目の周りと眉部分にも、パウダーをしっかりつけること。**パウダーで油分を抑えておくと、カラーメイクの色づきがよくなります。

フェイスパウダー

メイクアップフォーエバー ウルトラHDルースパウダー（税込5,280円）。通常の皮脂対策パウダーは顔全体に塗ると、テカリが抑えられる一方、乾燥しやすい部分のシワを目立たせてしまうが、この超微粒子パウダーはテカリを抑えつつ、ツヤをキープしてくれる。高解像度の映像技術に対応するためにつくられた

STEP.06

眉メイク
若見えのポイントは「やや丸みのある平行眉」

ベースメイクが完成したら、顔に色をつけていく作業に入っていきましょう。

若見えするナチュラルな眉に大切なのは、第一に「やや丸みのある平行眉」という形。このことについては、前述しました。

次に大切なのは、眉の色です。かつては、眉は髪色にあわせるとよいとされていました。今は、**髪が黒くても、眉はブラウンでOK**。むしろ流行は、ブラックや濃いブラウンで描く「くっきり眉」ではなく、明るめのブラウンで描く優しげな「ふんわり眉」。アイブロウパウダーも、明るめのブラウンを選ぶと若見えします。

ちなみにアイブロウパウダーは、プチプラでも有能なパウダーがたくさんあります。私は100円ショップのコスメもよく使います。

アイブロウペンシルは、毛の足りない部分を埋めていくのに大切なコスメ。色ののりがよく、描きやすいものを選びましょう。イチ押しは資生堂の「眉墨鉛筆」。220円（税込）という価格ながら、さすが「定番」というほど描きやすい商品です。

仕上げにはアイブロウマスカラを使いましょう。マスカラの色は、明るいブラウンか透明を選ぶことがポイント。**マスカラを塗ることで、眉が立体的に仕上がるうえ、アイブロウが落ちにくく**なります。眉は人の表情を決める大切なパーツ。「気がついたら、眉が消えていた」ということは、防ぎたいですよね。

なお、アイブロウマスカラは、「毛の流れと逆向きに塗ると立体的に仕上がってよい」といわれますが、この使い方をすると、せっかくここまでがんばったアイブロウがだいなしに。マスカラは、サッサッと毛並みにそってつければOKです。

アイブロウパウダー

Visée（ヴィセ）　リシェ アイブロウパウダー BR-3 ピンクブラウン（税込1,210円）。粉っぽさがなく、しっとりとしていて、のびがいい。ふんわりとした眉に仕上がる

アイブロウペンシル

資生堂　眉墨鉛筆3（ブラウン）（税込220円）。眉の足りない部分を描き足すのに最適なペンシル。色ののりが最高

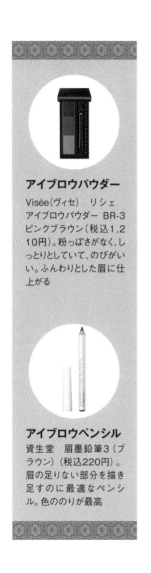

STEP.07

アイシャドウ

明るい色を使って、透明感のある目元に仕上げよう

メイクの中でもっとも楽しく、遊べる部分がアイメイクです。

メイクの楽しさとは、「使う」だけでなく「選ぶ」「持つ」ことにもあります。ラブリーなコスメは手にするだけで、心がウキウキしてくるもの。今は、デパコスから100円ショップまで、ステキなコスメがたくさん。それなのに、若いころからずっと同じような色のアイシャドウをかたくなに使っていませんか？

大人の女性を老けて見せてしまうのが、昔流行したブルーやグリーンなどのアイシャドウ。ブラックやグレー、ネイビーが流行した時代もありました。目元は目立つ部分だけに、アイメイクはアップデートしていかないと、老け見えしてしまいます。

現在の流行は、ふんわりと優しく見えるナチュラルメイク。とくに大人の女性の表情を優しくかわいらしく見せてくれるのは、明るい色です。**一見、「派手かしら」と**

感じる色も使ってみると、肌になじんで、若々しく見せてくれるものです。

具体的には、ローズ系やラベンダー系、アプリコット系、ピンク系、オレンジ系、明るめのブラウン系などが大人の女性にはおすすめ。「かわいい」「使ってみたい」とテンションの上がる色を、まずはプチプラから試してみましょう。アイシャドウは、100円ショップやコンビニ、ドラッグストアなどにも発色のよいものがたくさん並んでいます。その日の気分や服装にあわせて、色を変えて楽しんでください。

若見えメイクには、ピンク系のアイシャドウがとくにおすすめ。落ちくぼんだまぶたをカバーすることもできます。まぶたの腫れぼったさが気になる場合は、まぶた全体ではなく目尻だけにピンクを入れるとスッキリ見えます。

さらに、前述していますが、大人の女性にアイシャドウベースは必須アイテムです。まぶたのくすみやシワをとばして、アイシャドウの発色をよくしてくれます。美容成分入りのものを使えば、潤いと透明感を与えてくれ、目元ケアにもなります。

そして、仕上げには、ラメを上まぶたにポンポンと置きましょう。上品な目元に仕上げるためには、広げすぎず、上まぶたの中央にのみポンポンすること。このラメが、明るく透明感のある目元づくりの総仕上げになります。

STEP.08

アイライナー
「線を引く」のではなく、まつ毛の間を埋めていこう

アイシャドウで透明感のある明るい目元をつくったら、アイライナーで目をパッチリと大きく見せていきましょう。

アイライナーは「ブラック」というのが、大人の女性のこれまでの常識でした。ですが、**ブラックでアイラインを引いてしまうと、色がくっきりと目立ってしまい、かえって老け顔に。**おすすめは、ブラウン。ナチュラルな目元に仕上げましょう。

アイラインは、「線を引く」というより、アイライナーを小刻みに動かして、「まつ毛とまつ毛の間を埋める」という作業です。なお、**まつ毛の内側の粘膜には、絶対に描いてはいけません。**そこにはマイボーム腺という皮脂腺があるためです。ここが塞がれてしまうと、ドライアイや結膜炎、充血などの原因になってしまうのです。

ですからアイラインは、まぶたをしっかりと指で持ち上げて描くことが大事です。

なお、自然なアイラインを描くには、ペンシルタイプのアイライナーがおすすめです。筆タイプよりもはみ出しにくく、小刻みに動かしやすいためです。ただし、目元は繊細な部分であるため、やわらかくて描きやすい芯のものを選んでください。

たとえば、キャンメイクのクリーミータッチライナーは、くり出し式のペンシルで、極細のやわらかな芯のため、まつ毛のすき間をラクに埋めていくことができます。

筆タイプのリキッドアイライナーは、仕上げに使います。目尻のラインをほんの少し描き足してみてください。女性らしいキュートな目元に仕上がるでしょう。リキッドアイライナーを選ぶポイントは、ペン先が細くてやわらかく、描きやすいこと。ラブ・ライナーのリキッドアイライナーは「失敗しないアイライナー」と呼ばれています。

くり出し式アイライナー

キャンメイク　クリーミータッチライナー03(税込715円)。くり出し式のアイライナーで、超極細の芯はやわらかく、描きやすい。ウォータープルーフ

リキッドアイライナー

ラブ・ライナー　リキッドアイライナーR4(税込1,760円)。細くてやわらかなペン先で、なめらかな描き心地。「失敗しないアイライナー」と人気。美容成分入り

STEP.09

まつ毛メイク

まつ毛をクルッと上向かせて、明るく元気な印象に

アイメイクの仕上げは、まつ毛です。

まずはビューラーでまつ毛を上向かせましょう。**上向きなまつ毛は、表情を若々しく明るく**見せてくれます。

ビューラーも進化し、使い勝手のよいものが増えました。

KOBAKOのアイラッシュカーラーは、「まつ毛が簡単に上がる！」と人気のビューラー。コンパクトでかわいいデザインながら、プロ仕様で機能的、まつ毛も抜けにくいように感じます。

何より、カールしにくい硬めのまつ毛も根元からしっかりとらえてくれます。プラスチック製なので、金属アレルギーの人も安心して使えます。このビューラーには4タイプありますが、おすすめは「レギュラー」。まつ毛全体をとらえて、きれいにカー

ルできます。

ビューラーでまつ毛をクルッと上向かせたら、マスカラで色をつけ、まつ毛を長く見せていきましょう。ブラックを使えばくっきりした目元、ブラウンを使えばやわらかな目元になります。**最近の流行で若見えするのは、ブラウンのマスカラ**です。

「マスカラは塗るのが難しい」と苦手意識を持つ人も多いですよね。

そんな人にもおすすめなのが、フェアリードロップスのクアトロラッシュ　ルビーブラウン。ブラシが4つ玉になっていて、サッとひと塗りするだけで、パサッとしたボリュームのあるまつ毛に仕上がります。重ね塗りもテクニックも必要なく、時短にもなります。私も最近は、このマスカラをよくリピートしています。

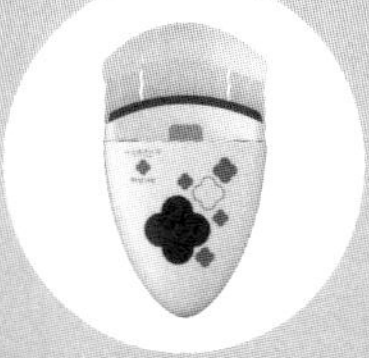

ビューラー

KOBAKO（コバコ）　アイラッシュカーラー レギュラー（税込1,540円）。まつ毛を根元からしっかりとらえ、放射状に広がるカールが、きれいに仕上がる

マスカラ

フェアリードロップス　クアトロラッシュ ルビーブラウン（税込1,980円）。日米で特許取得の〝4つ玉ブラシ〟がまつ毛を根元からキャッチして、しっかり色がつく。美容、保湿成分入り

STEP.10

チーク&ハイライト

肌に血色と透明感を！　かわいい大人の女性をめざそう

私たちの顔は、年齢とともに血色が不足し、目の下の肉が落ち、頬にボリュームがなくなっていきます。顔もだんだんと面長になりがち。こうした悩みは、チークで解決できます。チークは、**血色と透明感を肌に与えるとともに、入れ方しだいでリフトアップ**して見せることができます。

チークの入れ方は、26〜27ページでも解説していますが、ポイントは鼻下のラインより上に入れること。そして、こめかみに向かってなじませること。この2つを守って入れると、たるみがちな頬がキュッと引き上がって見え、小顔効果も得られます。

さらに、若見えのためには、チークの色も大切。「パーソナルカラーで、にあうチークの色は変わる」といいますが、大人の女性ならば誰もがにあう色があります。

その色とは、肌なじみのよい、明るめのピンクやオレンジ。ところが、「明るい色なんて派手すぎて使えない」とブラウン系を使っていませんか？　これは逆効果。ブラウン系のチークは、表情をモードな雰囲気にし、血色を悪く見せることも。

前述していますが、大人の女性がモードやエレガントなメイクをすると、老け顔になりやすい。**大人の女性ほど、明るくて愛らしい色を使って血色をプラス**していきましょう。

なお、チークも付属の小さなブラシではなく、大きめで粉含みがよく、毛のやわらかいブラシを使いましょう。そうしたブラシを使うと、濃くつきすぎるのを防げます。しかも、明るい色のチークがナチュラルに発色し、素肌感を引き出してくれます。

そして、チークのあとに忘れてはならないのが、ハイライト。薬指にとったら、トントンと2回くらい指で置く程度に、小さくポイントで入れましょう。塗る範囲を広げないことが、キラキラ感を悪目立ちさせないコツ。入れる位置は、目尻の下。それから、眉間から鼻の頭まで、鼻すじにスーッと薄く入れましょう。

ハイライトも、プチプラのコスメでよいものがあります。選ぶポイントは、パール感やラメ感が小さく、光沢感があること。カラーはベージュ系がおすすめ。さりげなくキラッと光るハイライトを入れると、立体感のある明るい表情に仕上がります。

STEP.11

リップ

マット系は老け見えの原因に！ ツヤのあるリップを唇に

メイクの仕上げは、リップです。パーソナルカラーがわかっている方は、その色をポイントにリップを選べば、顔色を明るく見せてくれます。

具体的には、ブルーベースの人は青みのあるひんやりとした色がにあいます。ピンク、ローズ、ベリー、モーヴ、ボルドー、ワインなどの色名から探しましょう。

イエローベースの人は、黄みのあるあたたかい色がにあうタイプ。ベージュ、コーラル、ピーチ、オレンジ、テラコッタ、ブリックなどの色名から探してみてください。

パーソナルカラーは、プロのカウンセラーに診断してもらう他にも、インターネットで簡単な質問に答えていくことで診断できます。気になる方は、「パーソナルカラー診断」と検索すると、たくさんのサイトがヒットします。

パーソナルカラーがわからなくても、自分の顔にぴったりのリップは見つけられます。お店で選ぶ際、手の甲に塗ってみて、その色を口元に持っていきます。そのときに、**顔がパッと明るく優しく見える色**を選ぶとよいのです。

ここまで私たちは、メイクで若々しい表情をつくってきました。リップも失敗を恐れず、チャレンジしましょう。手に持ったとき、「わぁ、こんな色、つけてみたい」とワクワクとうれしくなる色は、表情だけでなく心まで10歳若返らせてくれます。

さらに、リップ、チーク、アイシャドウ、そして服の色をあわせることも、若見えには大切なポイント。リップ、チーク、アイシャドウは、プチプラでも肌なじみのよいコスメがたくさんありますので、色をそろえて持っておくと便利です。

一方、大人の女性には、難しいリップの色があります。それは、レッド系とブラウン系、ベージュ系の色。レッドは肌の色を際立たせやすく、ブラウン系、ベージュ系は血色を悪く見せます。これらの色は老け見えするので使わないほうが無難です。

なお、マット系のリップを使っている人も多いと思います。ツヤのないマットなリップは色が落ち着いて見え「使いやすい」と感じるかもしれません。でも実は、唇の縦ジワが目立ちやすく、老け見えの原因に。**ツヤ感のあるリップのほうが、縦ジワが目立たず、口元が明るく若見え**します。

STEP.12

メイクフィックスミスト

メイクを肌に密着させ、崩れを予防!

今回、この本を書くにあたって、「あなたのメイクのお悩みは?」と問いかけたところ、メイク崩れのお悩みもたくさんいただきました。

メイクは、崩れる前の予防が大切です。それに、せっかくきれいに完成したメイク、できるだけ長く持たせたいですよね。

そこで役立つのが、メイクフィックスミスト(メイクキープミストとも)。この**ミストを顔に吹きかけると、メイクが肌に密着して長持ち**します。ちなみに、保湿タイプのミスト化粧水でも同じ効果を得られます。

使い方は簡単。メイクが完成したら、顔から20~30センチほど離れた位置から、顔全体にたっぷりと吹きかけます。これだけで、**メイク崩れが予防できるのですから、使わないほうがもったいない!** しかも、保湿もできますし、マスクにメイクがつきにくくなる、というメリットもあります。

体の乾燥対策にも活用できます。ひじやひざに吹きかけたり、手の届きにくい背中にシュッとしたり。自分の周りにスプレーをすれば、加湿器がわりにもなります。

私は、メイク完成後にシュッと顔に吹きかけたら、カバンにポンと入れておきます。そして、外出先でメイク直しのあとにシュッ。エアコンや外気で肌に乾燥を感じる前にもシュッ。乾燥の気になる冬は、とくに必需品です。

メイクフィックスミストも、バリエーションが豊か。保湿成分や美容成分入りのものがあれば、UV効果のあるタイプやラメ入りのタイプもあります。好きな香りがついたものを使えば、使うたびにリラックス効果を得られるでしょう。

メイクフィックスミスト

コーセーコスメニエンス　メイク キープ ミスト EX(税込1,320円)。メイクの持続力が高く、美しい仕上がりをキープしてくれる人気商品。フレッシュフローラルの香り

メイクフィックスミスト

クラランス　フィックス メイクアップ(税込4,950円)。天然由来のアロエベラエキス※を配合したマイクロミスト。ダマスクローズの香りが優雅な気分にさせてくれる

※アロエベラ液汁(保湿成分)

〈ポーチの中身〉

必要最低限のコスメで「かわいい」をキープ

毎日持ち歩く化粧ポーチ。いったい何を持ち歩くのが正解なのでしょう。

答えは「メイク直しで使うもの」。当然ですが、シンプルに考えればそれだけです。

メイクが崩れやすいのは、目元と鼻回り。そして、落ちやすいのがリップ。つまり、化粧ポーチのコスメは、それだけでよいのです。具体的には、次の7点です。

〈1〉綿棒

〈2〉小瓶に入れた乳液

※目元・鼻回りのメイクが崩れたとき、綿棒に乳液を含ませて拭き取る

※日焼け止め成分入りの乳液を持ち歩くと、日焼け止めとしても使えて便利

〈3〉クマ隠し用のコンシーラー

※夕方、クマが目立ってきたときのために持ち歩いておこう

〈4〉クッションファンデ

※メイクの落ちた部分のみ、ポンポンと薄くつけよう

〈5〉パウダー

※クッションファンデのあと、油分を抑えて自然な仕上がりに

〈6〉メイクフィックスミスト

※メイク直しのあとや、乾燥を感じる前にシュッとひと吹きしよう

〈7〉リップ

※美容成分入りのものを使えば、メイク直しと同時に唇のケアができる

持ち歩くコスメは最小限にしておくと、ポーチにバッグ内を占領されずにすみますし、メイク直しの際、ポーチの中を探し回らずにすみ、時短になります。

アイメイクは落ちにくいので、特別な理由がない限り、持ち歩かなくて大丈夫。アイブロウはマスカラをしておくことで、1日落ちずに持ちますから、これもなくてOK。チークは、必要に応じて持ち歩くかどうか決めるとよいでしょう。

〈メイクブラシ〉

ブラシはあなたの「かわいい」をサポートする相棒

「時短でかわいい」のために、**コスメと同じくらい大切なのが、メイクブラシ**です。アイブロウ、アイシャドウ、チーク、フェイスパウダー、コンシーラー。それぞれに最適なブラシを持っておくだけで、メイクの仕上がりは格段にアップします。

反対に、コスメに付属のパフや小さなブラシを使っていると、濃くついたり、点でついたりなど、ムラになりやすく、「メイク、がんばっていますす感」が出てしまいます。

プロのメイクアップアーティストがブラシを使っているのはなぜでしょう。それだけの理由があるからです。**あなたにとってのメイクアップアーティストは、あなた自身**。メイクブラシは、あなたの「きれい」「かわいい」をつくる心強い相棒なのです。

しかも、**メイクブラシを使えば節約にも**なります。肌へののりがよくなるぶん、薄く塗ることができ、コスメの使用量を減らせます。ブラシを買うときには「高いかな」と感じても、コスメのランニングコストは減らせますから、結果的にはお得です。

さて、ブラシを長持ちさせるには、お手入れが大切。衛生的なブラシを使ってこそ、肌の健康も、仕上がりの美しさも守られます。ですから、週に1回は洗いましょう。

私は時間に余裕のある土曜日の朝に洗うことをルーティンにしています。

「食器を洗うのさえ面倒なのに、ブラシの面倒まで見られない」との声も聞こえてきそうですが、ブラシは、食器を洗うより楽。大きめのカップに水を入れ、ブラシ専用の洗浄液を入れたら、ブラシでシャーッとかき混ぜればよいだけ。私はブラシをキッチンで洗っています。洗い終えたら、キッチンペーパーで押さえ、カップに立て、箸立てのとなりにポン。トータルで約30秒です。翌朝にはいつも通りに使えます。

なお、クッションファンデのパフも、週に1回は洗いましょう。キッチンに常備してあるジッパーつき保存袋に水と専用の洗浄液を入れ、もみ洗いをするとよく落ちます。すすぎは、色が出なくなるまでくり返して。こちらはちょっぴり時間がかかり、2分は必要かも。洗い終わったら、キッチンペーパーにのせて乾かしましょう。

ブラシとパフの洗浄液は、私はDAISOの商品を使っています。安く買って、週1回ジャブジャブ洗う。**簡単で手軽だからこそ「かわいい」は続けられる**のです。

好みの香りを持ち歩いて いつでもリラックスを

私はメディカルアロマを学び、たびたびセミナーを開催しています。お気に入りの香りを自らブレンドしてつくる香水は、どんな高級品より心を癒してくれるもの。しかも、香りにはそれぞれ作用があります。ちなみに、私が香水づくりに使っている精油は次の4つです。

リラックス：**ラベンダー**
女性の不調を整える、更年期障害の改善：**ゼラニウム**
頭痛の改善、解熱、制汗：**ペパーミント**
女性らしさ、優雅さ：**イランイラン**

香水でなくても、ハンドクリームだってよいのです。大好きな香りはそれだけで私たちをリフレッシュさせてくれます。

そんなふうに、自分の機嫌は自分で取る。これも、私たち女性が何歳になってもかわいらしくあり続けるコツです。

第3章

COSMETICS
大人の「かわいい」を叶えてくれるコスメたち

コスメ売り場は女性の心をリフレッシュさせるパワースポット

人にはそれぞれ「ここに行けばリフレッシュできる！」というパワースポットがあると思います。

コスメ売り場がパワースポットという女性も多いはず。私もその一人です。数々の華やかなコスメが並ぶお店に入ると、ワクワクがとまりません。

気持ちが落ちこむときや、怒りたくなるような出来事があったときにも、コスメ売り場にちょっとより道。そうして、いろいろなアイテムを見て、テスターを試します。

「このコスメを使ったら、どんなふうにかわいくなれるのかしら」

そんなことを思いながら、非日常の世界に没頭する。お気に入りのコスメを1つ見つけて買うことができれば、気分はもうルンルン。新しいコスメを使える喜びで、明日が楽しみになってきます。**子どもたちや夫と接する声も、自然と明るく優しくな**

るから、コスメの力って不思議です。

女性の心をこれほどワクワクさせてくれる場所って、あるでしょうか。しかも、入場料は、タダ。コスメ売り場とは、「女性である自分」を気軽に楽しませてくれる場所なのです。

私は2人の子どもの母親ですが、女性でもあります。母親になると、女性の部分を忘れがちになってしまうこと、ありますよね。でも、せっかくの人生、母親である自分も女性である自分も、どちらも楽しまなければ、ソン！

そこで本章では、さまざまなコスメを試してきた中で、「これはおすすめ！」と感じたものを、忖度なしで紹介します。

「コスメ売り場に行くのは、なんだか気が引ける」という人や、「コスメがたくさんありすぎて、何を使ったらよいかわからない」という人は、まずは本書で紹介したコスメを試しに、売り場に立ちよってみて。買っても買わなくても、「楽しい！」「女性に生まれてきてよかった」と思える瞬間に出あえるはず。

コスメとは、家族のため、仕事のためにと、われを忘れて駆け抜ける女性たちをリフレッシュさせ、**「自分」を取り戻させてくれるアイテム**。私はそう思うのです。

〈デパートコスメ3選〉

使うたび、エネルギッシュで優雅な気持ちにしてくれる

デパコスのよさとは、やはり品質の高さ。女性の肌を美しくするための研究がされたコスメたちです。とくに、**ベースメイクはデパコスを選ぶと、簡単に若々しい肌をつくれて毎日のメイクが楽**になりますし、鏡を見ることがうれしくなります。

さらに、「持っている」だけで喜びになるのも、デパコスの威力。高級なコスメを手にすることで、自分の品格まで高まるような優雅な気持ちにさせてくれます。

ただ、そのぶん値段も上がります。「こんな大金、メイクにかけられない」という気持ちになることもあるでしょう。でも、プチプラのコスメを使うときとは、ときめきもウキウキ感もけた違い。自分の顔を見て「うれしい」と感じるポジティブな気持ちは、仕事にも、家族や同僚など周りの人にも、よい影響を与えるはずです。**デパコス1つで女性は優雅にもエネルギッシュにもなる。**それもデパコスの魅力です。

1

RMK
シルクフィット セッティングパウダー

しっとりした粉質で、肌がヴェールをまとったかのように美しく見えるパウダー。毛穴落ちも防いでくれる。ブラシつきで、外出時のメイク直しにも便利（税込5,500円）

2

コスメデコルテ
アイグロウジェム スキンシャドウ

1色で華やかな目元が完成するアイシャドウ。肌なじみがよいうえパールが繊細で、大人の女性のたるみがちな目元も、テクニックがなくても、パッときれいに仕上がる。30色あり、自分にピッタリの色を見つけられるのもうれしい（税込2,970円）

3

イヴ・サンローラン
ルージュ ヴォリュプテ シャイン

透明感があってツヤのある発色が優雅なリップ。美容成分入りで、唇のトリートメントにも。美しくラブリーなケースには、名前を入れられる刻印サービスもある。塗るたびに、女性としての品格まで高まっていくようなリッチな気分に（税込5,500円）

〈ドラッグストア＆バラエティショップコスメ3選〉

お気に入りのコスメを見つけて、顔も心も若返ろう

ドラッグストアやバラエティショップ（ロフトやPLAZAなど）などのコスメ売り場に立ちよると、まるで宝探しのような気分になります。しかも、**プチプラが多く、お財布にも優しい**。女性である楽しさを存分に味わえるのがコスメ売り場です。

ただ、あまりにコスメがありすぎて、「何を見てよいかわからない」という声もよく聞きます。そんなときには、特設コーナーに並んでいる新商品をまず見て、「こんなメイクが流行しているのね」と情報収集をしましょう。さらに、お気に入りのブランドのブースに行き、チェック。あるいは、「ラベンダー色の下地がほしい」と思ったら、テスターを手の甲に塗り、どれがいちばん塗り心地がよく、透明感を出してくれるか試す。**誰に遠慮することもなく、自由にテスターを使って、お気に入りの1品を見つけ出せる**。ここがドラッグストアやバラエティショップの楽しさです。

1

ケイト
リップモンスター(13)

ただの口紅ではない！　独自技術で唇から蒸発する水分を活用して、密着ジェル膜に変化。つけたての色が長時間持続。スモーキーなピンクが大人のメイクにもぴったり。プチプラなので、他の色も服にあわせて買い足せるのも◎(税込1,540円・編集部調べ)

2

セザンヌ化粧品
トーンアップアイシャドウ
(10ベリーブラウン)

旅行中にアイシャドウを忘れたので、ドラッグストアで急きょ購入したら、大正解。肌なじみのよい3色のカラーで、キレイなグラデーションを簡単につくれる。大人の女性の「かわいい」を簡単に、しかもこの価格で叶えてくれる(税込638円)

3

ドーリーウインク
マイベストライナー(ピンクブラウン)

スーパーウォータープルーフでにじみにくく、朝描いたラインがそのまま夜までくっきり。ピンクブラウンが目元を優しくエレガントに見せてくれる。お湯で簡単にオフできて、肌への負担も軽減してくれる(税込1,430円)

〈コンビニコスメ3選〉

人気ブランドのコスメが、24時間、プチプラ&ミニサイズで手に入る

「化粧ポーチを忘れちゃった！」という大ピンチに、助けてくれるのがコンビニコスメ。**緊急時、いつでも駆けこめるのがコンビニコスメの魅力です**。

でも、最近のコンビニコスメは、それだけではありません。実は、コスメ好きにとって、コンビニはとても〝熱い〟スポットなのです。

最近、コンビニでよく見られるのが、人気ブランドのコスメをミニサイズ&プチプラにした商品。「あの人気ブランド、試してみたいけれど、ちょっと高いし、今持っているコスメが使い終わってからにしよう」なんて手を出さなかったコスメが、チャレンジするのにちょうどよい大きさと価格でコンビニに置かれていたりします。

しかも、限定品が多いのも特徴。**「ここでしか買えない」という特別感があり、新たなチャレンジもできる**。女心をくすぐるコンビニコスメなのです。

1

&nd by rom&nd（アンド バイ ロムアンド）
メロウアイパレット（BR01ソフトブラウン）

ミニサイズでキュートなアイシャドウパレット。捨て色なしで使いやすいブラウン系。しっとりしたテクスチャーで、まぶたにしっかりフィット。粉飛びもせずプチプラとは思えない上質感。ローソンで売り切れ続出になるほど人気（税込1,350円）

2

sopo（ソポ）
パウダー&ライナー（04 ロゼシャンパン）

ファミリーマートで買えるSOPOのコスメ。なかでもパウダー&ライナーは、アイシャドウとアイライナーの2in1が便利。パール入りのパウダーは、アイホールにはもちろん、涙袋にもおすすめ。アイライナーはクリーミィで描きやすい（税込1,265円）

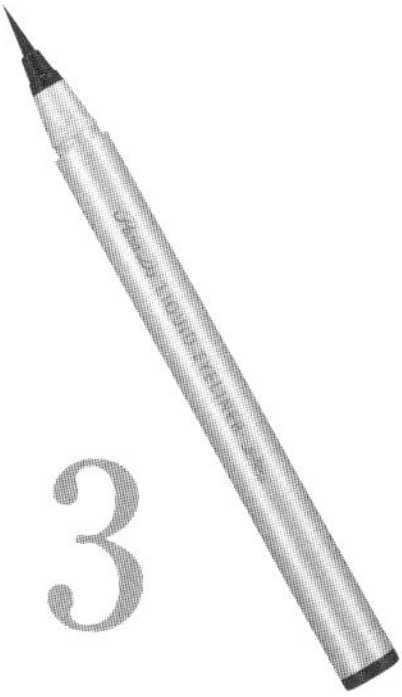

3

ParaDo（パラドゥ）
リキッドアイライナーex（BKブラック）

セブン-イレブンで買えるParaDoのコスメ。極細のラインがするする描けるリキッドアイライナー。目尻のアイラインをのばすのにも便利。フイルムタイプで、お湯で落とせる（税込1,100円）

〈100円ショップコスメ3選〉

アイシャドウやチークなど気軽に、初めての色にチャレンジ

最近は、100円ショップのコスメが非常に充実してきています。かつては「安かろう悪かろう」という言葉がよく使われていましたが、安くても品質のよいものが多くなりました。100円ショップのコスメは、その代表のようにも感じます。

実際、100円ショップのコスメは、**「これが本当に100円なの？」と驚くようなものもたくさん**。全国に広がるすべての店舗に流通できるよう大量生産されているため、薄利多売が可能となり、品質のよいコスメを私たちは手にできるのでしょう。

とくに、「こんな色を使ってみたいけれど、自分にあうかわからない」という**カラーメイクは、100円ショップから試してみるのも**◎。100円ならば、失敗を恐れずチャレンジできます。しかも、100円ショップには、ユニークなメイクグッズもたくさん。メイクに、新たな出あいと楽しみを提供してくれます。

1

DAISO coou（コーウ）
リキッドアイシャドウ（01シャインデイリー）

みずみずしいテクスチャーで、肌にぴたっと密着。アイシャドウの仕上げにまぶた中央に置き、指で軽くなじませて。「グリッターつけています！」と悪目立ちすることなく、ナチュラルに仕上がる（税込110円）※店舗によって品揃えが異なり、在庫のない場合があります

2

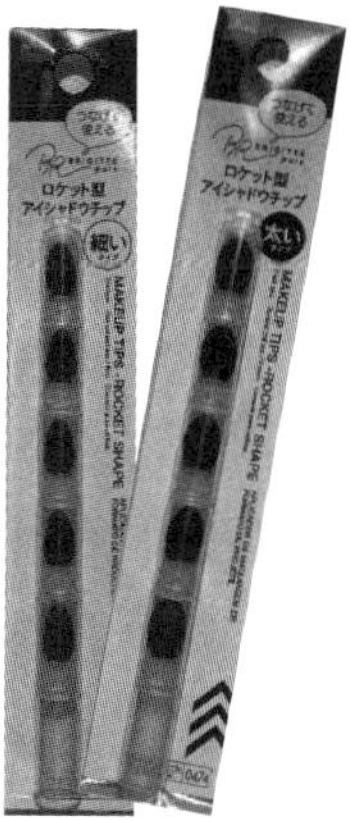

DAISO
ロケット型 アイシャドウチップ

100円ショップには遊び心のあるメイクアイテムがたくさん。5個のチップを入れ替えて使える。ポーチに入れておけばメイク直しにも便利。（税込110円）。※店舗によって品揃えが異なり、在庫のない場合があります

セリア
AC MAKEUP
AC 6カラーアイパレット01
（コットンローズ）

3

100円ショップのアイシャドウの中で、大人女性におすすめなのがこちら。6色すべて捨て色なしのローズ系。ハイライトと締め色も入っていて、このパレット1つで目元に奥行きを出せる（税込110円）

〈通販コスメ３選〉

より安全でよりよいものを。志の高いナチュラルなコスメ

インターネットなどを活用して、ブランドから直接購入する通販コスメ。大手ブランドも通販を行っていますが、通販がメインで商品を販売するブランドもあります。「安心・安全で、肌の健康によい成分だけでつくられたコスメを使いたい」という思いを叶えやすいのが、通販コスメの魅力ともいえるでしょう。広告宣伝も店舗展開も必要最低限しかしないというのは、そのぶん、**商品の力だけで勝負していこうという自信の証し**。口コミだけでユーザーを増やしているブランドもあります。**素材や品質にこだわってつくられたコスメ**。そんな高い志が感じられる、ナチュラルなコスメを見ると、使ってみたくなるのも女心。私にも応援している通販コスメがありますが、自分が愛用することでブランドを応援している、という実感を持てるのも、通販コスメの楽しさかもしれません。

1

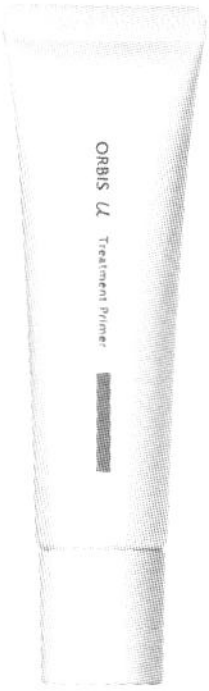

オルビスユー
トリートメントプライマー

美容成分をたっぷり含み、UVカット（SPF50、PA＋＋＋）という機能性を備えた化粧下地。これ1本で、日焼け止め＆毛穴カバーができ、時短に最適。色は明るいベージュで、トーンアップ効果あり（税込1,760円）

2

DHC
スーパーコラーゲン スプリーム ミスト

コラーゲンを高濃度に配合したミスト状化粧水。角質への浸透力にこだわってつくられていて、乾燥や荒れから肌を守ってくれる。微粒子ミストが心地よい。素肌はもちろん、メイクの上からも使え、メイクフィックスミストとしても活躍（税込2,420円）

3

Be You（ビーユー）
オールインワンUVミルク

UVカット効果があり、化粧下地にも。忙しい朝に便利なオールインワン。美肌の湯「汐由温泉」の湯ノ花エキスをメインに、美肌成分を配合。赤ちゃんから使える優しい無添加処方で、わが家では子どもたちの日焼け止めとしても愛用中（税込2,266円）

COLUMN 「首のシワ対策」

首の肌はデリケート。顔と同じケアが必要です

顔だけでなく、気になるのが首のシワ。

自慢をしてしまいますが、実は私、首にシワがないのです。それは、首をきれいに保つよう20年間、お手入れをがんばってきたから。といっても、難しいことはしていません。首やデコルテにも、顔と同じスキンケアをしてきただけなのです。

化粧水、美容液、クリームなどは、顔に塗ったら、そのまま首の前とうしろ、デコルテまでなじませます。とくに、首のシワのケアには保湿が大切。くすみや紫外線ダメージを防ぐためには、美白美容液が効果的です。ちなみに、首専用のシートマスクもありますが、特別に用意をしなくても大丈夫。顔のシートマスクが終わったら、それを首になじませればOKです。

スキンケアと同じくらい、首のケアで大切なのが「洗い方」。実は、首の肌は、目元と同じくらい薄く、その厚みはなんと卵の薄皮ほど。非常にデリケートなのです。首やデコルテは顔の延長です。首は、顔とともに洗顔料の泡で優しく洗いましょう。

さらに、もう1つ大切なのが、UVケア。日焼け止めも、顔だけでなく首までしっかり塗りましょうね。

首のシワは、お手入れと日々の心がけで改善を期待できます。首もデコルテも顔の一部と考えて、優しく大切にケアをし、美しい首を目指しましょう。

第4章

FOOD&MEAL
「10歳若見え」肌を育む食べもの・食べ方

〈腸活3選〉

腸が喜ぶ発酵食品を食べて、肌を若返らせよう！

45歳をすぎると、同じ年齢でもその見た目はまるで違ってきます。若々しい人もいれば、年齢以上に見える人も。その原因はメイク以外にもう1つあり、それが食事です。

「肌は内臓を映す鏡」といわれます。**肌にとくに影響するのは、腸の状態**。腸には「消化」「吸収」「排泄」という働きのほかに「免疫」「浄血」「解毒」「合成」という役割があります。この7つの役割がきちんとはたされていれば、体も心も元気に、肌も若々しい状態を保てます。

その「腸活」にもっとも大切なのが食事なのです。腸にはたくさんの腸内細菌がいて、腸の7つの役割を支えています。腸内細菌は、私たちが食べるものをエサに、その質によって腸内の環境をよくしたり、悪くしたりしています。だからこそ**肌を若返らせるためには、腸内細菌が元気になる食事が必要**。それこそが「腸活」なのです。

腸活のカギを握る腸内細菌。
その活性化には発酵食品がいちばん！
私も次の3つは日常的にとっています

1. ぬか漬け

- 市販のぬか床のパックを使えば、今日から手軽に腸活を始められる
- ニンジンや大根は薄切りに、白菜は軽く塩もみしてからぬか床に
- アボカド、チーズなどのぬか漬けは、ワインのおつまみにもぴったり

2. 甘酒

- 甘酒にも、腸の善玉菌である乳酸菌がたくさん
- 腸内環境を整え、免疫の働きもサポート
- 美肌に大切なビタミン、ミネラル、アミノ酸、食物繊維も豊富

3. 塩こうじ

- 塩こうじも腸活に最適。
  塩のかわりに使用すると料理のコクもアップ
- ドレッシングやソース、野菜炒め、煮込み料理、鍋などの
  味つけに使ったり、お肉や魚を漬けこんだり、使い道はたくさん
- 焼き鳥を食べるときに、チョンチョンとつけても美味

〈肌活3選〉

肌の若返りをサポートする、豚肉、牡蠣、アボカド

人間の体の細胞は、古いものから新しいものへと常に入れかわっています。これをターンオーバーといいます。ターンオーバーのスピードは組織によって異なり、肌の場合は、約4週間といわれています。

ですから、今は肌の状態が悪くても**4週間、肌によい「肌活」をがんばれば、肌は変わってきます**。反対に、肌活をがんばっているつもりなのに、変化が見られないならば、その肌活がご自身にあっていないか、「何か」が足りていないのでしょう。

このとき、**ぜひ意識してとってほしいのが、ビタミンB_2と亜鉛**。いずれも新しい細胞がつくられる際に使われる栄養素です。

そしてもう1つ、肌活に大事なのがビタミンE。肌老化を招く最大の原因は、私たちの体内で発生する「活性酸素」。ビタミンEはその働きを抑えてくれるのです。

肌細胞の生まれ変わりに
必要なビタミンB_2と亜鉛を食事からとることが肌活の基本。
肌老化を防ぐビタミンEも必須です

1. 豚肉

- 豚肉には、細胞の再生に使われるビタミンB_2がたっぷり
- ビタミンB_2は脂質をエネルギーに変えるサポートも。
  豚肉はダイエットにも最適な食品
- 冷しゃぶにして冷蔵庫にストックしておくと、肌活に便利

2. 牡蠣

- 牡蠣には亜鉛や鉄、ビタミンB_{12}など肌活に大切な栄養素が豊富
- 亜鉛は女性ホルモンの生成にも欠かせない栄養素
- 牡蠣の缶詰やオリーブオイル漬けをストックしておいても便利

3. アボカド

- アボカドに豊富なビタミンEは抗酸化作用に優れ、
  「若返りビタミン」とも
- 美肌づくりに役立つ脂質や、腸活に大切な食物繊維も豊富
- サラダにしたり、バゲットにのせたり、日常的に食べて肌活を

〈シミ対策3選〉

トマト、カボチャ、キウイでシミをもう増やさない！

私たちが子どものころは、「肌の黒さは健康の証し」といわれ、積極的に日光を浴びていました。そのつけが今、シミやソバカスになって現れてきた、という人も多いのではないでしょうか。

紫外線を浴びると、肌のメラニン色素が増え、色素沈着を起こします。これが、シミの原因。しかも、**紫外線は、肌に活性酸素を発生させます**。活性酸素は、非常に強い酸化力があり、その酸化ストレスが、メラニン色素を増やすのです。

ですから、シミ対策には、抗酸化物質をたくさん含むものを食べることが重要。抗酸化物質は、ビタミンEのほかにもいろいろあります。とくに、**トマトに含まれるリコピン、カボチャやニンジンに多いβカロテン、フルーツに豊富なビタミンCは、強力な抗酸化物質**と知られています。

若見えの敵シミ。シミ対策には、
日焼け止めと同じくらい
抗酸化力の高い栄養素が欠かせません

1. トマト

- トマトのリコピンは、ビタミンEの数倍もの抗酸化力があるとも
- リコピンには、紫外線による肌ダメージを軽減する働きを期待できる
- リコピンはミニトマトにとくに豊富。
  トマトジュースでとってもOK

2. カボチャ

- 「美のビタミン」とも呼ばれるβカロテンはカボチャに豊富
- βカロテンは油と一緒にとると吸収率がアップ
- 炒めた薄切りのカボチャとニンニクに、チーズとパン粉をかけて
  オーブンで焼くだけのグラタンはシミ対策によい一品

3. キウイ

- ビタミンCは抗酸化作用があるうえ、
  メラニン色素の過剰な生成を抑える働きも。
  体内でのコラーゲンの合成にも欠かせない栄養素
- ビタミンEやポリフェノール、βカロテンなどの抗酸化物質も豊富
- 私も頬に濃いシミが。毎朝のようにスプーンですくって食べています

〈シワ対策3選〉

「もう歳だから」と放置しない！食事から小ジワを減らそう

年齢とともに目立ってくるシワ。シワは、肌の真皮層にあるコラーゲンやエラスチン、ヒアルロン酸などが減ってくることが主な原因です。

とくにコラーゲンは、人体のたんぱく質すべての約30パーセントを占める大切な成分。ただし、コラーゲンを食事からとっても、そのまま肌に届けられるわけではないのです。腸でアミノ酸に分解されたのち、体に必要なたんぱく質に合成されます。

とはいえ、材料がなければハリのある肌が再生されないのもまた事実。深く刻まれたシワを消すのは難しくても、**小ジワのうちならば、食事で減らしていける**でしょう。

それには、**コラーゲンなどのたんぱく質をしっかりとる**こと。同時に、コラーゲンの合成に必要なビタミンCも摂取。エネルギーの産生量を増やすための鉄分、女性ホルモンと同じような働きをするイソフラボンも、シワ対策に欠かせません。

「もういい歳だから」と放置すれば、シワは増えるだけ。
肌によい「おいしいもの」を食べ、
シワ対策をしていきましょう

1. 手羽先

- コラーゲンなどのたんぱく質が豊富な手羽先はシワ対策に最良の食材
- 煮込んでスープにすれば、骨から良質なアミノ酸が溶け出す
- 大根と一緒に煮て、プルプルの状態になったコラーゲンも美味

2. レバー

- 「エネルギーの産生工場」であるミトコンドリアの働きには鉄が必須
- 現代人は鉄分が不足しやすい。レバーを食べて鉄分補給を
- 焼き鳥好きの私は、レバーの串焼きをよく食べます

3. 豆腐

- ハリのある美しい肌には女性ホルモンが大切
- 大豆に含まれるイソフラボンは女性ホルモン様作用がある
- 豆腐と豚肉を一緒に煮る肉豆腐は簡単につくれて、美肌効果は◎

〈くすみ改善3選〉

透明感のある肌は「血液サラサラ食事」からつくれる

肌がくすんでしまう原因は、「日焼け」「肌細胞の老化」「栄養不足」「不適切なスキンケア」「睡眠不足」「ストレス」「喫煙」などいろいろですが、もっとも問題となってくるのは、血流の悪化です。

血流がよければ、肌には血色と透明感が表れます。反対に、血流が滞ると、血色が悪くなり、肌は茶色にくすんでいきます。くすみのない肌は、それだけで若見えしますよね。メイクののりも、抜群によくなります。

では、血流の改善には何が必要でしょう。**大切なのは「血流サラサラ食事」**。たとえば、納豆に含まれるナットウキナーゼ、玉ねぎの硫化アリル、酢のクエン酸には、血液をサラサラにする効果が。こうした食品を毎日の食事にどんどん取り入れましょう。肌のくすみは「食べて消す」。これが透明感のある肌を育てる秘訣です。

くすみのない透明感のある肌はメイク映えし、
若見え効果もアップ！
そのためには「血液サラサラ食事」が大切です

1. 納豆

- 納豆に含まれるナットウキナーゼは血液サラサラ効果が高い
- ナットウキナーゼの特性は、高温加熱で失われるので注意を
- 調理に使う際は、火を止めてから料理に加えるのがポイント

2. 玉ねぎ

- 玉ねぎの辛み成分こそが、血液サラサラ効果のある硫化アリル
- 硫化アリルは熱に弱く、加熱すると血液サラサラ効果は失われる
- みじん切りの玉ねぎで手づくりしたドレッシングでくすみ対策を

3. 酢

- 酢や柑橘類に含まれるクエン酸には、血液サラサラ効果がある
- 血圧を下げ、コレステロール値の上昇を抑える働きも
- 酢キャベツ、酢玉ねぎは腸活にも最適

〈髪質改善3選〉

元気でハリのある髪のため、サバ、ニンジン、卵を食べる

肌とともに、見た目に大きな影響を与えるのが髪。**健康でつややかな髪は、若々しい印象**を与えてくれます。

ところが髪も、年齢とともにボリュームが減ったり、パサついたりしてくるもの。私も髪の毛の細いことが悩みのタネで、髪によいといわれるものは、たくさん試してきました。

そんな私が、髪の健康のために日常的に食べているのが、サバとニンジンと卵の3つ。サバに多い**オメガ3脂肪酸には、炎症を防いで頭皮の健康を保ち、髪にツヤを出す**効果があります。ニンジンに豊富なβカロテンは、イキイキとした美しい髪をつくるために必要な栄養素。卵のビオチンは、髪の成長、強度、輝きを高める作用があるとされています。

年齢とともに、髪の悩みも増えていきますよね。
食事から髪の健康をサポートし、
潤いのある髪をつくっていきましょう

1. サバ

- 炎症を抑える作用の高いオメガ3脂肪酸は頭皮の健康にも大切
- サバなどの青魚、アマニ油、くるみ、チアシードには
オメガ3脂肪酸が豊富
- サバ缶は、夏は冷や汁に、冬は鍋や味噌汁に。
グラタンやパスタにも◎

2. ニンジン

- ニンジンにも豊富なβカロテンは、髪をイキイキと元気に
- 薄切りにしてぬか漬けにしてもおいしい
- 千切りのニンジンをバルサミコ酢とオリーブオイル、塩コショウで
漬ける「キャロットラペ」はβカロテンを効率よくとれる

3. 卵

- 卵に豊富なビオチンは、美しい髪に欠かせない栄養素
- 卵には美肌＆美髪に必要な栄養素がしっかり含まれる
- 心配されるコレステロールは1日2個程度なら問題ないとも

#〈朝食〉

肌活に大活躍の朝食プレートは、10分あればつくれます

毎朝、本当におつかれさま。

そんな言葉がほしくなること、ありませんか。

朝食をつくり、掃除や洗濯をし、名もなき家事を片づけ、仕事に行き、そのうえメイクまで、となったら、もう朝からヘトヘト。

だからといって、朝食をおいしく食べることも、フルメイクすることも、あきらめてしまってはもったいない。いずれも、「今日」という日を自分がご機嫌に、エネルギッシュに、若々しくすごすうえで大切なことです。

ですから私は、**メイクも朝食づくりも、時短で攻めていきます**。

フルメイクを10分でする方法は、お伝えしました。ここでは、肌活になる朝食づくりの時短法をお話ししましょう。私は家族4人分の朝食を10分でつくります。

まず、**炊飯器を有効に活用しましょう**。わが家では、ゆで卵は毎朝、炊飯器でつくります。夜にお米をセットしたら、卵を軽く洗って、そのままポン。朝起きたら、ご飯とゆで卵ができています。じゃがいもやカボチャ、サツマイモなども、洗ってラップにくるみ、お米と一緒に炊飯器に入れておけばOK。温野菜ができます。

基本的に、わが家の朝食はワンプレート。これも、洗い物を減らすポイントです。大きめのプレートに、ちぎったレタス、ミニトマトを置き、冷蔵庫にストックしてあるキャロットラペ、冷しゃぶ、ぬか漬け、それから解凍した枝豆などを並べ、炊飯器から出したゆで卵、温野菜をのせれば完成。おにぎりやバゲットもプレートに一緒に置きます。そこに、昨晩の残りの味噌汁やスープをそえれば、完璧です。時間に余裕があれば、お肉を焼いたり、スクランブルエッグをつくったりすることもあります。

朝食づくりで私が心がけているのは、いかに時間をかけずに、栄養バランスの整ったプレートにするか。でも、朝から「栄養バランスを」なんていわれたら、面倒ですよね。そこで大事にしたいのが「カラフルさ」。食材に含まれる栄養素は、色によって異なります。だから、**プレートがカラフルになっていればOK**なのです。

肌活に大活躍の朝食は、シートマスクをしている10分でつくれるということです。

〈昼食〉

好きなものをしっかり食べ、心も肌もハッピーに

私の場合、1日でもっともしっかり食べる食事は、昼食です。

以前、ダイエットのために糖質制限をしたことがあります。体重は減ったものの、げっそりしたうえ、肌の状態もよくなく、体もフラフラして、私には適さないダイエットでした。肌の健康のためにも、ある程度の炭水化物は必要なのだと感じました。

ただ、夕食には米、パン、めん類などの炭水化物をなるべくとらないようにしています。夜は活動量が少なく、消費しきれないエネルギーは、体に蓄えられてしまうからです。そのぶん、昼食では炭水化物を楽しみます。

外で仕事のときには、定食をよく食べます。パスタも大好きで、友人とのランチでは、イタリアンにも行きます。昼食は、あまりいろんなことを考えず、**「おいしそう」「食べたい」と思うものを、気持ちのおもむくままに食べる**感じです。

食べることの大好きな私にとって、昼食は自分の好きなものを食べられる喜びの時間。ふだんは、母として経営者として美容家として、いろいろがんばることがありますが、その原動力になってくれている大きな要素が昼食。好きなものを食べ、自分で自分の機嫌を取っているからこそ、元気でいられるのです。

外出時にはコンビニでお昼を買うこともあります。打ちあわせの前に、ひと仕事をするときには、コンビニでお昼を買いこんで、ネットカフェに向かいます。そこで買うのは、おにぎりとサラダチキンとゆで卵。肌活のために、最低限、たんぱく質だけはしっかりとるようにします。

自宅で昼食をとるときにも、自分のためだけに簡単に調理します。だって、1人でも、おいしいものを食べたいじゃないですか。

大好きなバゲットをトースターで軽く焼いたら、スモークサーモンをのせて、ブラックペッパーと亜麻仁油をかけるのがお気に入り。簡単なパスタをつくることも。そこに、冷蔵庫にストックしてある酢キャベツや冷しゃぶ、キャロットラペ、ぬか漬けをそえれば、肌活にも完璧で、心も大満足。**昼食の時間は自分のために心豊かにすごす。**これも若々しくあるために、大切なことだと思っています。

〈夕食〉

「おいしい」「楽しい」「好き」は、「めんどう」を超える

夕食で、私がもっとも重視しているのは「食べる時間」です。

基本的には、夜7時までに食べ終わるようにしています。

夜にとったエネルギーを消費しないまま寝てしまうと、脂肪となって蓄積されてしまいます。しかも、朝起きたときに胃もたれがして、朝食をおいしく食べられません。

ですが、夜7時までに夕食を終えると、朝食まで12時間空けることができます。朝食の前には、お腹がグーグー。その状態で食べるご飯は、とってもおいしい。**「おいしい」「楽しい」があるからこそ、「やりたい」という気持ちは継続**するのですね。

夕食は、子どもたちが好きな料理をメインでつくっています。

その際、冷蔵庫にストックしておくための腸活・肌活の料理も一緒に調理。ここも、翌朝の準備をラクにするポイントです。

夕食でキャベツを使うならば、よぶんに刻んで酢キャベツに。ニンジンを使うならば、一緒にキャロットラペをつくる。玉ねぎのみじん切りをつくったときには、一部を酢玉ねぎやドレッシングにしてストック。野菜炒めをつくっている隣のコンロでは、豚肉を大量にゆで、水にいったんさらしてから、冷蔵庫にしまう。そんなことで、腸活・肌活になる食事づくりは、簡単に実践できます。

さらに、カレーライスやクリームシチュー、ハヤシライスなどをつくるときには、2~3回分つくって、こちらは冷凍庫にストック。仕事で帰宅が遅くなった日や、休日のランチに大活躍します。

なお、「生野菜は体を冷やすから、夜は食べない」という人もいますよね。でも、酵素は生のものからしかとれません。ですから、わが家では夜もサラダを食べます。「体が冷える」と心配するならば、温かい味噌汁やスープを一緒に食べればよいこと。それだけです。

ちなみに、**わが家の定番料理に「美肌スープ」**があります。子どもたちも大好きで、私もこれを飲んでいると肌の調子がよいので、定期的につくるスープです。野菜の甘みが豊かなポタージュ。フードプロセッサーが必要になってしまうのですが、簡単ですので、ぜひお試しください。

ちなみに、私はお酒が大好き。夜に炭水化物をなるべく控えるのは、お酒を飲むことがあるからです。

肌活と健康を考えれば、お酒は控えたほうがよいのでしょう。しかも、お酒のせいなのか、飲んだ翌朝は顔がむくんでいます。

でも、「好き」をがまんするのは、大きなストレス。ストレスは体内の活性酸素量を増やし、肌の老化を招く原因にも。

そう考えたら、**「好きなことは、がまんしないことも大事」**とわかります。そのぶん肌と腸によいものを食べて、美肌づくりに励んでいけばよいのです。

しかも、私の場合は顔がむくむからこそ、シートマスクと「目元パッチリ！　1分間マッサージ」は絶対にやらなければ！　と意欲もわきます。結果的に、それが肌質をよくしてくれているのも事実。

大切なのは、続けること。**「好き」「楽しい」「やりたい」という自分の気持ちに素直になって、限られた時間でできる方法を見つけていく**こと。忙しくても、工夫しだいで「10歳若見え」をめざしていくことができるのです。

腸活・肌活に最適！〈美肌スープ〉

カボチャと玉ねぎ、そしてブロッコリーの茎でつくるポタージュ。ふだん捨てがちなブロッコリーの茎には甘みがあってスープをおいしくするうえ、カリウムとカルシウムが豊富。カリウムはむくみを解消し、カルシウムは肌の健康をサポートしてくれます

【材料】４人分
カボチャ…1/4個
ブロッコリーの茎…１個分
玉ねぎ…1/2個
にんにく…１かけ
豆乳…１カップ（お好みで量を調整してください）
オリーブオイル…適量
顆粒コンソメ…スプーン１杯
塩コショウ…少々

【つくり方】
❶ カボチャ、ブロッコリーの茎、玉ねぎは一口大に、ニンニクは薄くスライスする
❷ 鍋で玉ねぎとニンニクを炒めて、軽く火が通ったら、カボチャとブロッコリーの茎を加えてさらに炒める
❸ ひたひたまで水を注ぎ、コンソメを加えて野菜がやわらかくなるまで煮る
❹ ❸をフードプロセッサーに入れてペースト状になるまで撹拌したら、お鍋に戻す。温めながら豆乳を混ぜ、塩コショウで味を調えれば、できあがり

おわりに

「ねぇママ。ママは200歳まで元気でいてね」

先日、小学4年生の息子がこんなことをいってくれました。

小学1年生の娘は、休日に私がメイクをしていると
「私にもやって～」

と、とんできます。私の足のネイルは、いつも彼女が一生懸命に塗ってくれます。

子どもたちにとって、ママはいつまでもかわいらしくキレイであってほしい存在。

だから、私も負けていられません。

「ママは、永遠の29歳！」

いつもそんなことをいっています。

「もういい歳だから」

「おばさんだから」

「私なんて」

そんなネガティブな言葉は絶対に使いません。10歳でも20歳でも若いつもりで、年齢を気にせず、毎日を楽しむ。本書のタイトルには「10歳若見え」という言葉が入っていますが、**若くいられるかどうかは自分しだい。その気持ちを、メイクが後押ししてくれる**のです。

みなさまの中には、メイクからしばらく遠ざかっていた方やメイクが苦手な方もいるでしょう。そうした方も、この本を読んで

「メイクって、こんなに楽しいんだ」

「若見えは、簡単なんだ」

そんなふうに感じてくれたら、こんなにうれしいことはありません。

そしてできることならば、メイクで若見えしたことをパワーの源にしてほしい。

女性は妊娠や出産、育児でキャリアをあきらめたり、夢を見失ったりすることが多いと思います。

でも、どうか自分の人生を大切にすることを忘れないで。**夢を叶えられるか、成功できるかは、あきらめずに行動することにかかっています。**

そのための「10歳若見え」メイクなのです。メイクで外見が若見えすれば、心も自

然と若返り、自分の中からパワーがわいてきます。心が元気なときって、ワクワクと心が躍るようなことを自然と考えていますよね。そのワクワクが、夢を実現させる後押しをしてくれることでしょう。

そんな自分を生きることはとても楽しいことですし、あなたの大切な人も絶対に喜んでくれるはずです。

私の夢は、おばあちゃんになっても、美容家として活動し続けること。だから、これからも、全国各地でメイクレッスンをしていきます。

いつか、笑顔でお会いしましょう！

そのときには、あなたの夢をぜひ教えてくださいね。お会いできる日を楽しみにしています。

２０２４年　１月

美容家　飯塚美香

飯塚美香（いいつか　みか）

有限会社アイアール代表取締役。美容情報サイト「キレイナビ」を運営するほか、通販番組出演、雑誌やWEBでの美容コラム執筆・監修、化粧品・サプリメントプロデュースなど、美容家として活動中。フェリス女学院大学文学部英文学科卒、会社員時代はGMOインターネットグループ株式会社等IT業界でWEBメディア運営、マーケティング業務にあたる。2児の母。コスメコンシェルジュ、スキンケアマイスター、アロマテラピーアドバイザー等の資格を生かし、神奈川県内のカルチャーセンターをはじめ、全国各地でセミナー・イベントを開催している。

美容情報サイト「キレイナビ」

レビューやダイエット日記を書いたり、アンケートに回答するとポイントが貯まってコスメと交換できる！　美容情報を毎日発信

インスタグラム「biyoukamika」

メイクで若見えする方法や、効果的なエイジングケアの方法、おすすめコスメを紹介しています。ご質問はＤＭでどうぞ！

飯塚美香公式 LINE

お友だち追加で若見えコスメリストを無料プレゼント！
また不定期でとっておきの美容情報をお届けします

45歳から始める「10歳若見え」メイク
2024年2月5日　初版発行

著者　飯塚美香
発行者　佐藤俊彦

発行所　株式会社ワニ・プラス
〒150-8482 東京都渋谷区恵比寿4-4-9 えびす大黑ビル7F

発売元　株式会社ワニブックス
〒150-8482 東京都渋谷区恵比寿4-4-9 えびす大黑ビル

ワニブックスHP　https://www.wani.co.jp
（お問い合わせはメールで受け付けております。HPから「お問い合わせ」にお進みください。）
※内容によりましてはお答えできない場合がございます。

装丁・DTP制作　保原由紀子（Prism Design Studio）
企画・構成・編集　江尻幸絵
撮影　阿部吉泰（カバー、P3、P32）

印刷・製本所　中央精版印刷株式会社
 ISBN978-4-8470-7396-0